Wo ist der Frieden? Wo ist die Demokratie?

Umschlagphoto: André Brutmann
ISBN 3-0340-0536-9
© 2001 Chronos Verlag, Zürich

Sharif Kanaana, Pierre Heumann

Wo ist der Frieden?
Wo ist die Demokratie?

Der palästinensische Witz:
Kritik, Selbstkritik und Überlebenshilfe

CHRONOS

Inhalt

Sharif Kanaana, Pierre Heumann
Witze – nicht nur zum Spass　　　　　　　　　　　　7

Pierre Heumann
Ein-Blick in die palästinensische Seele　　　　　　　9

1. Die erste Intifada
   Im Gebärsaal fliegen Steine:
   Palästinenser wehren sich gegen die Besatzer　　　17

2. Golfkrieg
   «Ach Daddy, schenk mir doch bitte Katar»:
   Saddam Hussein ist die einzige Hoffnung　　　　　41

3. Palästinenser und Israelis verhandeln
   über den Frieden
   Warum der Esel flüchtet:
   Skeptischer Blick auf Madrid, Oslo und Arafat　　59

4. Arafat baut seinen Staat auf
   «Wo ist der Frieden? Wo ist die Freiheit?
   Wo ist die Demokratie?»:
   Ernüchterung nach der Euphorie　　　　　　　　　83

5. Camp David und die Al-Aksa-Intifada
   «Bitte schiess mir ins Bein»:
   Resignation und Perspektivlosigkeit　　　　　　　109

Sharif Kanaana
Zum Verhältnis von Geschichte und volkstümlichem
Erzählgut im Palästina des 20. Jahrhunderts 129

Glossar 145
Zeittafel 151
Literatur 157
Die Autoren 159

Witze – nicht nur zum Spass

Dieses Buch enthält mehr als zweihundert Witze – aber es ist kein Witzbuch. Es will vielmehr die jüngste Geschichte der Palästinenser aus der Sicht politischer Witze und Legenden beleuchten.

Die vorliegende Sammlung ist das Resultat einer Kooperation zwischen einem palästinensischen Ethnologen, der an der Universität Bir Zeit (Westbank) doziert, und einem Schweizer Journalisten, der für die «Weltwoche» über den Mittleren Osten berichtet. Zusammengebracht hat uns der Witz der Palästinenser, genauer: eine Gastvorlesung von Sharif Kanaana an der Universität Tel Aviv über den palästinensischen Humor in den besetzten Gebieten. Nach dem Vortrag überzeugte der Reporter den Akademiker, den Witz der Palästinenser auch einem europäischen Publikum zugänglich zu machen. Die Arbeit konnte beginnen.

Wir kamen in der Folge abwechselnd in Kanaanas Haus in Ramallah oder im «American Colony»-Hotel in Ost-Jerusalem zusammen. Kanaana klaubte aus seiner schwarzen Karteischachtel Anekdote um Anekdote, die er auf Zetteln notiert hatte, und übersetzte die Witze fortlaufend aus dem Arabischen ins Englische. Gemeinsam trafen wir aus dem reichen Fundus eine Auswahl, ordneten die Witze nach Themen, analysierten die Pointen und stellten sie in einen historischen, kulturellen und politischen Zusammenhang. Das Resultat der Diskussionen schrieb der Journalist in der Folge auf Deutsch nieder. Anschliessend wurde das Manuskript ins Englische übersetzt, gemeinsam diskutiert und redigiert.

Als wir mit unseren Arbeiten im Jahre 1997 begannen, war die israelisch-palästinensische Annäherung schon recht weit gediehen, auch wenn immer wieder Rückschläge zu verzeichnen waren. Unser Buch würde, so hofften wir deshalb, mit einem optimistischen Kapitel über die harmonische israelisch-palästinensische Koexistenz enden. Wir haben uns – leider – getäuscht. Das letzte Kapitel handelt vom zweiten Palästinenseraufstand, der im September 2000 ausbrach. Nicht Koexistenz, sondern Hass, Zerstörung, Angst und Demütigung sind die dominierenden Themen. Auch wenn den Palästinensern derzeit kaum zum Lachen zumute ist – auf Witze und Legenden mögen sie nicht verzichten. Sie erzählen sich diese allerdings, wen wundert's, nicht leichtfertig oder nur aus Spass.

S.K.
Ramallah

P.H.
Tel Aviv/Zürich

Ende August 2001

Ein-Blick in die palästinensische Seele

Pierre Heumann

Im August 2001 erzählten sich die Palästinenser einen Witz über George W. Bush, Ariel Sharon und Jassir Arafat, die sich von Gott etwas wünschen dürfen.
Bush möchte alle Erdölfelder erhalten.
Gott: «In spätestens fünf Jahren werde ich dir die Bitte erfüllen.»
Sharon würde am liebsten gleich jetzt alle Palästinenser aus der Westbank vertreiben. Gott: «In zehn Jahren wird es so weit sein.»
Wie Arafat für sein Volk einen eigenen Staat fordert, sagt Gott aber nichts. Gott ist traurig – und beginnt zu weinen.
Der Pessimismus, der in diesem Witz zum Ausdruck kommt, sagt alles: Die Al-Aksa-Intifada dauert bereits zehn Monate, und die Palästinenser sind ihrem Ziel, dem Staat Palästina, nicht ein Jota näher gekommen.

Witz und Satire sind für unterjochte Völker eine moralische Waffe gegen die Unterdrücker – auch für Palästinenser, die seit Jahrzehnten eine reiche Witzkultur pflegen. Ihre Scherze, die im Westen kaum bekannt sind, greifen stets die neuesten politischen Entwicklungen auf. Für Palästinenser ist das Erzählen von Witzen ein Versuch, mit schwierigen Situationen fertig zu werden. Der palästinensische Humor macht deshalb hellhörig für Entwicklungen in der palästinensischen Gesellschaft, von denen der aussenstehende Beobachter sonst nur wenig erfährt.
In ihren Witzen nehmen die Palästinenser selbstkritisch die vermeintliche Normalität aufs Korn, die ihnen der Besatzungsalltag beschert, oder sie scherzen über ihren Rais Arafat und dessen korrupte Verwaltung. Die Spitzen des palästinensischen Humors richten sich aber auch gegen israelische Soldaten, Amerikaner und Araber sowie gegen einzelne palästinensische Bevöl-

kerungsgruppen – zum Beispiel Städter oder Selbstmörder. Arafat, das ist unter Palästinensern übrigens kein Geheimnis, schätzt Witze über seine Person. Die oft spitzen Anspielungen geben ihm nicht nur Aufschluss darüber, was sein Volk über ihn denkt und was es von ihm hält. Sie amüsieren ihn offenbar auch.
Häufig greift der Volksmund allerdings zu obszönen Bildern und Beschuldigungen, um die hoffnungslose Lage der Palästinenser zu schildern. Einige Witze sind deshalb unserer selbst auferlegten «Zensur» zum Opfer gefallen, weil wir niemanden verletzen wollen.

Seit Mitte der achtziger Jahre zeichnet Sharif Kanaana die Witze seiner Landsleute akribisch auf. Mit offenen Ohren geht er durch die Strassen der palästinensischen Städte, Dörfer und durch die Flüchtlingslager, stets bereit, neue Erzählungen und Anekdoten aufzuschnappen. Beharrlich fragt er auch seine Kollegen, Freunde und Studenten: «Habt ihr einen neuen Witz gehört?» Und seine Vorlesungen an der Bir-Zeit-Universität leitet er oft mit dem Versprechen ein: «Wer mir einen neuen Witz erzählt, erhält einen Preis.» Seit 1988 wurden ihm auf diese Weise mehrere tausend Anekdoten, Legenden und Kurzgeschichten zugetragen. Der Erzählschatz, den Kanaana im Laufe der Jahre geäufnet hat, sucht seinesgleichen, ist er doch ein historisches Gedächtnis und ein seltenes Dokument der nahöstlichen Zeitgeschichte, ein wichtiger Beitrag zur «oral history».
Meldungen über den Unabhängigkeitskampf der Palästinenser gehören seit vielen Jahren zum eisernen Bestandteil der täglichen Nachrichten. Dabei kommen vor allem die politischen Exponenten der Palästinenser und die militanten Aktivisten ausgibig zu Wort. Verborgen bleibt indessen, wie das palästinensische Volk das Geschehen erlebt. Was zum Beispiel steckt hinter den ritualisierenden Bildern der jugendlichen Steinewerfer? Wie beurteilt die palästinensische Gesellschaft die Selbstmordattentäter, Jassir Arafat oder den Friedensprozess? Wie nehmen Palästinenser Israelis oder ihre arabischen Brüder wahr? Und schliesslich:

Was denken Palästinenser über die gegenwärtige Intifada? Was erhoffen sie sich von ihr?
«Schlechte Zeiten bringen gute Witze hervor», heisst es treffend. Wo Witze zirkulieren, besteht immer auch ein Hoffnungsschimmer – selbst wenn die Pointen bösartig und giftig sind. Wer komische, ironische oder sarkastische Geschichten erzählt, ist zum Kampf bereit und glaubt letztlich und trotz allem an eine bessere Zukunft. Auch – oder präziser: gerade – in schlechten Zeiten sind politische Witze ein Zeichen dafür, dass die Gesellschaft gemeinsam Probleme lösen will. Erst wenn die Gesellschaft als Kollektiv keine Besserung mehr erwartet, verschwinden die Witze.
Der Humor eines Volkes ist stets auch ein Gradmesser für dessen Befindlichkeit, und es gibt kaum einen kurzweiligeren Weg, als mit Hilfe von Witzen und Legenden ein Volk und dessen Geschichte kennen zu lernen. Sie beleuchten die Gemütslage, illustrieren, was die Leute beschäftigt und bewegt, worauf sie hoffen und wovor sie sich fürchten. Der Humor eines Volkes ist als Stimmungsbarometer schliesslich glaubwürdiger und authentischer als Verlautbarungen von Politikern, Analysen von Beobachtern oder Abhandlungen von Gelehrten. Mit dieser Überzeugung sind wir nach einer systematischen Untersuchung der Witze zu folgenden Ergebnissen gelangt:
Erstens machen die Palästinenser als Kollektiv seit fünfzehn Jahren zahlreiche und intensive Stimmungsschwankungen durch. In den Witzen, die sich die Palästinenser vor dem Ausbruch der ersten Intifada erzählen, dominieren Selbsthass und Pessimismus. Die Palästinenser mokieren sich mit makabren Scherzen über ihre Lage.
Nach dem Ausbruch der ersten Intifada (Ende 1987) verschwinden diese negativen Selbstwertgefühle. Die Palästinenser schildern sich nun als glorreiche Sieger, als Helden, die den israelischen Besatzern Paroli bieten, obwohl sie ihnen militärisch deutlich unterlegen sind. Die Verzerrung der Realität sorgt nicht nur für humorvolle Effekte; sie rüstet das Volk moralisch auf.

In einer nächsten Phase wenden sich die Witze einem anderen Helden zu: Sie bejubeln während des Golfkriegs (1991) ihren neuen Heroen, den irakischen Herrscher Saddam Hussein, als Befreier; selbst seine Niederlage kann der Saddam-Begeisterung nichts anhaben. Mit dem Beginn des Friedensprozesses (Madrider-Konferenz) richtet sich die witzige Kritik dann zunehmend gegen Innen: gegen einzelne Bevölkerungsschichten, gegen die PLO-Führung oder gegen Jassir Arafat persönlich. Seit dem Ausbruch der Al-Aksa-Intifada dominieren in den Erzählungen erneut Selbstzweifel und Depression. Witze haben Gerüchte abgelöst.

Zweitens steht die Bevölkerung dem Friedensprozess nach einer anfänglichen Euphorie skeptisch oder gar ablehnend gegenüber. Er erfüllt ihre Erwartungen nicht. Bald nachdem sich PLO-Chef Jassir Arafat mit dem israelischen Regierungschef Jitzchak Rabin getroffen hat, machen zu Hause Geschichten die Runde, die dem Rais Verrat am Vaterland unterstellen.

Drittens sind in der Mitte der neunziger Jahre die Selbstmörder, die israelische Städte unsicher machen, nicht immer Teil des nationalen Konsenses. So findet der palästinensische Witz in der Mitte der neunziger Jahren keine lobenden Worte für gewalttätige Aktivisten. Er spottet vielmehr über deren Dummheit und Begrenztheit. Vor allem in Kreisen, die der Palästinenserregierung nahe stehen, sind in dieser Zeit Scherze über die Borniertheit von Selbstmordattentätern beliebt, weil sich Arafat im Friedensprozess verpflichtet hat, die Sicherheit der Israelis zu garantieren. Seit dem Ausbruch der zweiten Intifada zirkulieren hingegen keine Witze mehr, die Selbstmordattentäter aufs Korn nehmen – ein Hinweis darauf, dass die Attacken gegen israelische Zivilisten bei Palästinensern auf eine breite Zustimmung stossen.

Viertens zeigt die Masse der Witze, die sich gegen die palästinensische Autonomieregierung (PA) richten, wie tief das Misstrauen des Volkes gegenüber dem eigenen Regime ist. Den Beamten wird Geldgier und den Ministern Korruption vorgeworfen. Offenbar verbreitet das repressive Regime Furcht. Die Mächtigen werden aus Angst vor Konsequenzen nicht direkt angegriffen. Stattdessen scherzen Witzerzähler, stellvertretend fürs Regime, über die unteren Chargen des Apparates. Sie schützen sich vor Repressionen, indem sie keine konkreten Adressaten ins Visier nehmen. Witze über Arafat sind die Ausnahme, welche die Regel bestätigen.

Fünftens unterstützt eine Analyse der Witze die These, dass die zweite Intifada nicht durch den Besuch des damaligen israelischen Oppositionsführers Ariel Sharon auf dem Haram al-Scharif (Tempelberg) heraufbeschworen worden ist. Aufgrund der Witze aus jener Zeit ergibt sich ein differenzierteres Bild. Ausschlaggebend für den Ausbruch der Revolte sind in erster Linie die Ernüchterung über den Friedensprozess, der dem Volk keine Verbesserung der Lebensbedingungen gebracht hat, sowie die Unzufriedenheit mit dem Regime Arafats, dem Korruption vorgeworfen wird.

Sechstens kennzeichnet der Beginn der zweiten Intifada (Ende September 2000) eine Zäsur. Schwarzer Humor löst die regimekritischen Geschichten ab. Die Palästinenser schildern sich wieder als die ewigen Verlierer und machen sich, ganz im Gegensatz zur ersten Intifada, wenig Illusionen über den Erfolg ihres Kampfes. Da ein Engagement für die nationalen Ziele insbesondere der palästinensischen Regierung und dem Establishment zugute kommt, hält sich die Kriegsbegeisterung des Volkes in Grenzen.

Siebtens fällt auf, dass unter Palästinensern kaum rassistische Witze über Israelis zirkulieren. Im Gegensatz zu vielen arabischen Schulbüchern oder Publikationen und Cartoons, in denen Israelis als blutrünstige Kolonialisten dargestellt werden, enthalten die palästinensischen Witze keine Stereotypen über das jüdische Kollektiv, sondern veralbern bloss das Verhalten israelischer Soldaten. Weil die Palästinenser in der Westbank und im Gazastreifen wenig Kontakte zu israelischen Zivilisten haben, nehmen sie ihre Nachbarn vor allem als Soldaten wahr. Im Zentrum des palästinensischen Humors steht der Kampf ums

Land und für den eigenen Staat, nicht aber der ethnische Konflikt. Die Koexistenz mit Israelis gehört nicht zu den Problemen, mit denen sich Palästinenser intensiv auseinandersetzen.

Achtens lehnen sich zahlreiche palästinensische Witze an Vorbilder aus Ägypten, Syrien oder dem ehemaligen Ostblock an. Diese «Importe» dienen sozusagen als Schablonen, die mit palästinensischem Inhalt gefüllt werden.

Neuntens veranschaulichen die Witze seit dem Ende der neunziger Jahre, wie unpopulär Arafat unter manchen Palästinensern ist. Mangels einer freien Presse sind Witze ein willkommenes Ventil, um Frustrationen loszuwerden. Es zirkulieren keine Witze über andere Politiker. Die Witzsammlung legt die Vermutung nahe, dass derzeit kein Politiker genügend populär ist, um sich mit Leichtigkeit als Nachfolger Arafats etablieren zu können.

Zehntens ist seit dem Ausbruch der zweiten Intifada die Zahl der neuen Witze merklich zurückgegangen. Es gilt angesichts der Leiden des Volkes offenbar als unschicklich, über die Situation zu lachen. Stattdessen florieren nun Legenden. Die ganz oder teilweise erfundenen Episoden werden so erzählt, als wären sie wahr. Die Palästinenser schaffen sich ihre eigene Phantasiewelt.

Für die komische Wirkung einer Pointe müssen, wie Sigmund Freud in seinem Werk «Der Witz und seine Beziehung zum Unbewussten» hingewiesen hat, eine Reihe von Bedingungen erfüllt sein. Oft werden vertraute sprachliche Bilder verfremdet. In anderen Fällen wird die Logik auf den Kopf gestellt, was eine absurde, komische Situation erzeugt.

Anspielungen auf Personen und Begebenheiten sind laut Freud vor allem dann komisch, wenn sie «aktuell» sind: Nach dem Erlöschen dieses Interesses verlieren die Witze einen Teil ihrer lustigen Wirkung. Diese Feststellung trifft nicht nur auf zeitliche, sondern sowohl auf geographische als auch auf kulturelle Distanzen zu. Bevor ein Witz «funktioniert», will heissen: als amüsant empfunden wird, läuft ein komplexer Vorgang ab. Das

Verständnis eines spezifischen Humors setzt nicht nur Kenntnisse der Sprache, sondern auch des kulturellen Erbes eines Volkes voraus. Dazu gehören zum Beispiel Vorurteile über Minderheiten: Die palästinensischen Einwohner Hebrons gelten als dumm und dickköpfig, gleichzeitig sollen sie aber auch gute Geschäftsleute sein. In vielen Witzen spielen sie die Hauptrolle. Analog den Polenwitzen in den USA oder den Ostfriesenwitzen in Deutschland wird in Palästina alles Schlechte den Leuten von Hebron in die Schuhe geschoben. Sie sind die «weisen Dummen», die stets das Richtige tun, ohne zu verstehen, weshalb.

Um den zeitgeschichtlichen und kulturellen Kontext in Erinnerung zu rufen, in dem die Witze und Legenden verbreitet werden, haben wir diese chronologisch geordnet. Entsprechend gibt es je ein Kapitel über Intifada-Witze, Golfkrieg-Witze, Friedensprozess-Witze sowie Witze über den Aufbau des Staates. Das letzte Kapitel über die Al-Aksa-Intifada berücksichtigt Anekdoten bis und mit Frühling 2001.
Jedes Kapitel wird mit Erläuterungen zur jeweiligen Aktualität eingeleitet, dem Nährboden, auf dem der Humor gedeiht. Eine fortlaufende Numerierung innerhalb der Kapitel verknüpft die erläuternden Schilderungen mit den dazugehörigen Witzen.
Die hier ausgewählten Witze sind in der Regel ohne Vorkenntnisse der arabischen Sprache verständlich. Nur in seltenen Fällen soll dem Leser eine wörtliche Übersetzung zugemutet werden. Die für das Verständnis einzelner Pointen notwendigen Wörter sind im Glossar erklärt. Vor allem in den Kapiteln über die erste und zweite Intifada wirkt ein Teil der Witze allerdings nur komisch, wenn sich der Leser in die Situation der Palästinenser hineinversetzt. Das hingegen ist just die Absicht des Buchs.

1. Die erste Intifada

Im Gebärsaal fliegen Steine:
Palästinenser wehren sich gegen die Besatzer

Die Intifada katapultiert die Palästinenser aus ihrer lethargischen Stimmung und macht ihnen frische Hoffnungen. Das neue Selbstwertgefühl spiegelt sich in Legenden und Anekdoten, mit denen sich die Bevölkerung Mut zuspricht und die jungen Intifada-Kämpfer als Helden besingt.

Die Intifada ist ein dramatischer Wendepunkt in der palästinensischen Geschichte. Der Kampf der Palästinenser gegen die Besatzer tritt in ein neues Stadium. Erstmals nach zwanzig Jahren versuchen die Palästinenser in den besetzten Gebieten aktiv, die israelische Herrschaft abzuschütteln. Die Intifada ist nicht nur der Beginn einer militärischen Auseinandersetzung mit den Israelis, welche die Westbank, den Gazastreifen und Ost-Jerusalem seit dem Krieg von 1967 besetzt halten. Sie prägt auch ein neues Image. Hatten in den siebziger und achtziger Jahren Guerilleros mit Hilfe von Flugzeugentführungen oder blutigen Überfällen auf die Forderungen der Palästinenser aufmerksam gemacht, präsentieren sich die palästinensischen Helden nun als Kinder und Frauen, die für ihre Heimat kämpfen, in ihren Dörfern die palästinensische Flagge hissen oder israelische Besatzungstruppen mit Steinen bewerfen. Heroische Erzählungen, die während der Intifada im Volk verbreitet werden, reflektieren den neuen Charakter des Freiheitskampfes, bei dem das Volk – und nicht Politiker oder Terroristen – die Hauptrolle spielt.
Die Revolte, die im Jahre 1987 beginnt, ist für die Palästinenser eine leidvolle und schmerzliche Erfahrung. Sehr viele werden im Kampf getötet oder verwundet, eingesperrt, gefoltert. Weil aber der palästinensische Nationalstolz gleichzeitig eine Renaissance erlebt, gedeiht ein neuer Typ von Erzählungen, der den heroischen

Geist der Revolte widerspiegeln soll. Mit metaphysisch anmutenden Geschichten versichern sich die Palästinenser gegenseitig, für eine gerechte Sache zu kämpfen.

Heldengeschichten, die den ungleichen und lebensgefährlichen Kampf zwischen den Besatzern und den Aufständischen schildern, sind typisch für die ersten Monate der Intifada. Oft sind die Legenden verstiegen, und häufig wirken sie wegen ihren Prahlereien komisch. Doch die Kurzerzählungen dienen nicht dem puren Amüsement. Mit ihnen sprechen sich die Palästinenser Mut zu, überzeugen sich gegenseitig, im ungleichen Kampf eine Chance zu haben.

Für Palästinenser wirken solche Schilderungen vor dem Hintergrund der Realität grotesk. Indem sie sich humorvolle oder schlicht wundersame Geschichten erzählen, «normalisieren» sie die ungleiche Balance und verschieben das Kräfteverhältnis zu ihren Gunsten. Solange sie über ihr Elend lachen können, scheinen sie ferner sagen zu wollen, kann es ja nicht so schlimm sein. Dass ihr Gegner, über den sie sich despektierliche Geschichten erzählen, trotz seiner modernen Armee nicht gewinnt, verleiht dem Aufstand einen moralischen Anstrich.

Obwohl Anzeichen für die brodelnde Unzufriedenheit längst vor dem «offiziellen» Beginn der Intifada am 9. Dezember 1987 auszumachen sind, lassen sich alle vom plötzlichen Ausbruch des Aufstandes überraschen – nicht nur Israels Regierung und Geheimdienst, sondern auch die Palästinenser in den besetzten Gebieten sowie deren Exil-Führung in Tunis. Als sich herausstellt, dass die Intifada einen langen Atem haben könnte, unterstützt PLO-Chef Jassir Arafat den Kampf in der Westbank und im Gazastreifen. Er beauftragt seinen engsten Vertrauten Abu Jihad, den spontanen Aufstand vom Exil aus zu koordinieren und zu kontrollieren. Doch manchem Palästinenser ist die Hilfe der PLO aus dem tunesischen Exil nicht willkommen. Man befürchtet, Arafat könnte die Intifada für seine politischen Zwecke einspannen und der Spontaneität der breit abgestützten Rebellion schaden. In den Legenden wird der Rais während der

Intifada denn auch nicht erwähnt. Das Volk nimmt ihn nicht wahr. Arafats Beitrag zum Freiheitskampf scheint den Leuten auf der Westbank und im Gazastreifen nicht relevant. In den Geschichten zollen die Fatah-Anhänger lediglich der PLO-Führung in Tunis Respekt, ohne dabei Arafat namentlich zu erwähnen.

Die Intifada ist ein Bruch mit tradierten Verhaltensmustern. Nach dem Sechs-Tage-Krieg von 1967 hatten sich die meisten Palästinenser mit den neuen Machtverhältnissen arrangiert. Wer sich brav verhielt, erhielt von den Besatzungsbehörden Bau- und Arbeitsgenehmigungen, Bestätigungen für den Handel und Erlaubnisscheine für Fahrten nach Jordanien. Viele arbeiteten in Israel und kooperierten willig mit den israelischen Militärbehörden. Einflussreiche palästinensische Clans stützten die israelische Herrschaft, funktionierten als deren Statthalter und setzten ihr Prestige ein, um den israelischen – und gleichzeitig auch ihren privaten ökonomischen – Interessen zu dienen. Kollaborateure sorgten dafür, dass die Besatzer mit möglichst wenig Widerstand konfrontiert waren. Kam es doch einmal zu Demonstrationen oder Streiks, hatten die Israelis die Lage jeweils schnell wieder unter Kontrolle.

Zwanzig Jahre nach dem Beginn der Besatzung rebellieren die Palästinenser gegen die Unterdrückung. Die Intifada ist so gesehen auch ein Protest der Jungen gegen die ältere Generation. Die Söhne werfen den Vätern vor, der Besatzungsmacht willfährig gehorcht zu haben. Sie wollen die Begründung nicht mehr akzeptieren, wonach opportunistisches Verhalten praktische Vorteile bringe.

Vor dem Ausbruch der Revolte erzählen sich die Palästinenser Geschichten, die nichts als Pessimismus und Perspektivlosigkeit erkennen lassen. Der Selbsthass führt zu bitteren und makabren Pointen. Mit Spott und Ironie verfremden Palästinenser ihre Situation, machen sich selbstkritisch über ihre Intelligenz lustig und lassen in den Erzählungen durchblicken, dass sie die Hoffnung auf einen palästinensischen Staat aufgegeben haben. Selbst im Paradies seien sie die ewigen Verlierer, mokieren sie sich über ihr Schicksal. Die Welt bringe ihnen zwar Sympathien entgegen, aber im entscheidenden Moment würden sie sogar von Gott verraten. (1)

Der Ausbruch der Intifada setzt dieser Depression ein Ende. Die Jungen wollen nicht mehr länger rechtlose Zweitklassbürger sein, deren einzige Zukunftsaussicht darin besteht, in Israel auf dem Bau, in der Müllabfuhr oder in der Landwirtschaft die schmutzigsten und schlechtestbezahlten Jobs zu erhalten. Die nationalistischen Slogans haben nichts gebracht, werfen die Jungen ihren Vätern vor, und lehnen sich gegen die schleichende Annexion ihres Landes auf. Die Intifada ist mithin auch der Versuch der Jugend, alles zu zerstören, einschliesslich der PLO, die ihnen keine Besserung verspricht, bringt der palästinensische Autor Said K. Aburish den rebellischen Geist der Intifada-Generation auf den Punkt. Der Aufstand wendet sich zudem auch gegen diejenigen palästinensischen Politiker, die zum Gespräch mit den Israelis bereit sind.

Mit dem Widerstand der Jungen erhalten die Legenden und Witze eine kämpferische Stossrichtung. Der dramatische Stimmungswandel der Palästinenser lässt sich am Humor ablesen. Er gibt dem Unabhängigkeitskampf ein neues Gesicht, eine neue Identität. Intifada-Geschichten illustrieren das gestärkte, aggressivere Selbstverständnis, markieren das Ende des Trübsinns. Wer Geschichten über das heldenhafte Verhalten des eigenen Volkes erzählt, identifiziert sich mit dessen Kampf und wird selber zum Helden. Palästinenser bewältigen in der mündlichen Folklore zudem die erbarmungslose Wirklichkeit der Unterdrückung und Erniedrigung, indem sie ihren Kampf im wahrsten Sinn des Wortes als «wunderbar» darstellen. In ihren Erzählungen, Witzen und Anekdoten schafft sich die Intifada-Generation eine eigene Realität: Dass die Dinge gar nicht so sind, wie sie oberflächlich erscheinen, und dass die Palästinenser sogar am Ende obenauf schwingen würden.

Zu Beginn des Aufstandes macht ein Wort die Runde, das an den historischen Besuch des ägyptischen Präsidenten Anwar Sadat in der Knesset erinnert. Er wolle die Barriere der Angst durchbrechen, hatte er seinem Volk den spektakulären und mutigen Schritt erklärt, in die israelische Hauptstadt zu gehen. Analog sprechen mit Beginn der Intifada auch Palästinenser vom «Ende der Angst». Diese Charakterisierung beinhaltet zwar eine gehörige Übertreibung. Die jungen Intifada-Kämpfer sehnen sich durchaus nicht nach einem Märtyrertod. Keiner hat das Verlangen, erschossen oder verletzt zu werden. Deshalb planen sie Fluchtwege sorgfältig, bevor sie sich der Konfrontation stellen. Doch mit «Ende der Angst» klingt auch die Verherrlichung der Revolte durch die Palästinenser an. Statt wie einst Konfrontationen mit israelischen Soldaten aus dem Weg zu gehen, scheuen die Palästinenser die Auseinandersetzung nicht mehr. «Die Generation, die jetzt kämpft, ist nach dem Sechs-Tage-Krieg von 1967 geboren», kommentiert Ende Dezember 1987 Jassir Arafat aus dem fernen Tunis stolz den Aufstand seines Volkes. Es sei eine Generation, die nur die Gewalt und die Repression der Israelis erlebt habe: «Sie sehen doch selber», so Arafat, «wie begeistert diese junge Generation die palästinensische Flagge hisst».

Obwohl die Palästinenser während der Intifada sehr viele Tote und Verletzte zu beklagen haben, schlägt sich dies in den Erzählungen nicht zwangsläufig als bittere Erfahrung nieder. Beliebt sind in diesem Klima des neuen Nationalbewusstseins Geschichten, die den Märtyrertod preisen, ihn gar als nachahmenswert empfehlen. Legenden stellen tragische Ereignisse in einen grösseren, sinngebenden Zusammenhang, die nicht selten sprichwörtlich werden. Den Gepeinigten sollen die Redensarten helfen, mit der harten Realität fertig zu werden. So werden etwa Familien, die während der Intifada Opfer zu beklagen haben, mit dem Hinweis auf das Schicksal des Yazuri-Clans getröstet: «Erinnere dich an den Sohn der Yazuris» – und jeder weiss, dass damit die Familie Yazuri aus Gaza gemeint ist, die in einem Flüchtlingslager lebt und die zu Beginn der Intifada ihren Sohn verloren hat. Solches soll nicht nur helfen, schwierige Situationen

zu verarbeiten, sondern hat auch einen Solidarisierungseffekt. Alle müssten ihren Beitrag leisten, wird insinuiert. (2)
Der Volksaufstand, der die Fabulierfreude befruchtet, liefert ergiebigen und farbigen Stoff für Erzählungen, in denen die Palästinenser ihre Erlebnisse stolz, euphorisch und häufig übertrieben verarbeiten. Das Volk spricht sich mit den heroischen Kurzepen Mut zu, um mit der realen Gefahr fertig zu werden. So soll zum Beispiel ein israelischer Armeehelikopter auf eine Landung verzichtet haben, heisst es in einer Legende, weil der Pilot angeblich befürchten musste, von Steinen zu einer Bruchlandung gezwungen zu werden. Die Waffen der Palästinenser haben dabei auch eine symbolische Bedeutung. Die Steine sind eine Referenz an die islamische Sitte «Rajm»: Auf der Pilgerfahrt nach Mekka werden von Bergspitzen Steine gegen Satan, den Vater alles Bösen, geworfen.
In den ersten Monaten des Aufstandes beruht der Intifada-Humor auf dem starken Kontrast zwischen der Realität und den Heldengeschichten. Die Palästinenser machen sich etwa über die Logik und die Argumente der Besatzer lustig und stellen dabei die Wirklichkeit buchstäblich auf den Kopf. Intifada-Geschichten, die immer wieder als psychologisches Kampfmittel eingesetzt werden, propagieren die Rebellion und funktionieren als eigentliche Rückkoppelung. Gerüchte heizen die kämpferische Stimmung zusätzlich an. Israelische Soldaten seien in Moscheen eingedrungen, erzählen sich zum Beispiel die Palästinenser Ende Dezember 1987, hätten Bluttransfusionen für arabische Verletzte torpediert und die Brunnen Gazas vergiftet. Solche Legenden werden von Palästinensern gerne geglaubt und sind als zusätzliche Versicherung geschätzt, für eine lautere Sache zu kämpfen.
Der Intifada-Witz feiert die Jugendlichen als kecke, überlegene und ausgefuchste Draufgänger, welche die Hauptlast der Revolte tragen. Sie erhalten einen Ehrenplatz. Und selbst Säuglinge würden sich kämpferisch für ihr Volk einsetzen, heisst es in einigen Geschichten. (3)
Auch wenn sie physisch schwach sein mögen und den technolo-

gisch hochgerüsteten israelischen Streitkräften unterlegen sind – in den Geschichten schildern sich die jungen und jüngsten Intifada-Helden als Sieger. Sie seien stets in der Lage, den Besatzern die Stirn zu bieten oder sie auszutricksen. Die Israelis würden gut daran tun, den Juniorkämpfern mit Respekt zu begegnen, erzählen sich die Intifada-Helden, um sich mit derartigen Witzen die Angst zu nehmen. Immer wieder handeln Intifada-Geschichten auch von Märtyrern, die den Tod und die Umstände, die dazu führen, voraussehen. Dass sie trotzdem kämpfen und ihr Leben riskieren, macht ihren Einsatz nur noch bewunderungswürdiger. (4)
Während Kinder und Jugendliche, die eigentlichen Aktivisten der Intifada, oft im Zentrum dieser Geschichten stehen, werden erwachsene Männer kaum erwähnt. Um so ausführlicher wird der Einsatz der Frauen in etlichen heroischen Geschichten gerühmt. Die Frauen rebellieren gegen die Nebenrolle, die ihnen bisher im Kampf gegen die Besatzung zugewiesen wurde. Es findet indessen keine soziale Revolution statt. So gilt es namentlich als besondere Auszeichnung, einen männlichen Palästinenser zu gebären. Frauen erhalten weder eine Aufwertung ihres Status noch eine neue gesellschaftliche Rolle. (5) Sie werden allerdings nicht bloss wegen ihrer biologischen Funktion gelobt. Anerkannt werden in diversen Varianten auch ihre wackern Konfrontationen mit israelischen Soldaten. Gerühmt wird insbesondere das Gespann Mutter–Sohn. Dutzende von Erzählungen trösten die Hinterbliebenen von Intifada-Opfern damit, dass der Schahid (Märtyrer) in seinem zweiten Leben glücklich sein werde. Meistens sind es die Mütter, die solche Versprechungen verbreiten und sich mit dem aufopfernden Einsatz ihrer Söhne brüsten. (6)
Die Gefallenen werden im Volksmund als Märtyrer verherrlicht, nach deren Tod sich Mysteriöses ereignet. So bilde etwa das Blut, das aus dem Körper eines angeschossenen Intifada-Kämpfers fliesst, ein V-Zeichen, heisst es in vielen Geschichten. Zahlreiche Variationen sind im Umlauf. Einmal erscheint nach dem Tod eines Kämpfers in blutiger Schrift «Allahu akbar», Allah ist

gross, ein anderes Mal «bismilaah», im Namen Allahs. Solche Legenden verleihen dem Kampf eine pathetische Note. Sie sollen auch zeigen, dass der Tod Sinn mache. Immer wieder handeln Intifada-Geschichten zudem von Märtyrern, die den Tod und die Umstände, die dazu führen, voraussehen. Dass sie trotzdem kämpfen und ihr Leben riskieren, macht ihren Einsatz nur noch bewunderungswürdiger. (7) Auch Naturphänomene werden als Wunder interpretiert, um zu beweisen, dass die Palästinenser für eine redliche Sache kämpfen. (8)

Zum Widerstand gegen die Fremdherrschaft gehört das Hissen der palästinensischen Fahne. Sie symbolisiert die Einheit der Unterdrückten im Kampf gegen die Okkupation und markiert zugleich das Ziel: die politische Unabhängigkeit. Gerade das aber wollen die Israelis verhindern. Deshalb stellen sie das Anbringen der Palästinenserflagge unter Strafe und zwingen die Palästinenser immer wieder, die Fahnen zu entfernen. Doch das Verbot macht das Befestigen der Fahnen nur noch heldenhafter. Die jungen Gesetzesbrecher werten es jeweils als wichtigen Etappensieg, wenn es ihnen gelingt, die vierfarbigen Palästinaflaggen an Strommasten zu befestigen oder damit ganze Strassenzüge zu dekorieren, um zu demonstrieren: «Das ist unser Territorium». Dabei werden – durchaus typisch für die Funktion der mündlichen Tradition in jener Zeit – Niederlagen in moralische Siege verwandelt, selbst wenn der Palästinenserjunge beim Hissen der Fahne umkommt. (9)

Die Intifada ist auch ein ziviler Widerstand gegen die Besatzung, der zu einem neuen Lebensstil führt. Wenige Wochen nach dem Ausbruch der Intifada veröffentlicht die regionale Führungselite ein 14-Punkte-Programm, in dem sie die Ziele des Kampfes umschreibt. Mit Flugblättern regelt sie den Alltag in den palästinensischen Gebieten, ruft zum Boykott israelischer Waren auf oder hält ihre Landsleute an, keine Steuern an die Besatzer abzuliefern. Unter der Intifada-Führung herrscht eine strenge Disziplin. Palästinensische Polizisten, die bisher im Sold der Israelis gestanden und für Ruhe und Ordnung gesorgt haben, quittieren ihren Dienst. In den Dörfern und Städten bilden sich spontan lokale Gremien, die den Ton angeben. Die Intifada-Führung erzieht die jungen Leute und motiviert die Geschäftsinhaber, den Kampf zu unterstützen. Wenn immer sie einen Streik ausruft, öffnen israelische Soldaten vor Ort die Geschäfte mit Gewalt. Doch die Eigentümer weigern sich, im Geschäft zu bleiben. Obwohl die Ware unbewacht ist, denkt kein Palästinenser daran, die Regale auszurauben.

Der kollektive Wille, die Besatzung abzuschütteln, solidarisiert die Palästinenser. Der Geist der Intifada wirkt sich auf sämtliche Lebensbereiche aus. Aktivitäten, die keinen direkten Zusammenhang zum Aufstand haben, werden unterbrochen. Aus Protest gegen die Besatzung bleiben die Geschäfte am Nachmittag geschlossen. Um die Autarkie zu erhöhen, wird eine eigentliche «Anbauschlacht» inszeniert. Ihre praktische Relevanz ist zwar bescheiden, aber um so höher ist ihre symbolische Bedeutung. In Gaza zum Beispiel, wo das Land knapp ist, halten die Leute Hühner und Hasen in ihren Hütten, und auf der Westbank pflanzen sie Gemüse in den Hintergärten. Um ihren Autarkiewillen zu betonen, stellen sie auch Milchprodukte her und halten im Untergrund Schulstunden ab, wenn die Lehrer auf Geheiss der Besatzer zu Hause bleiben müssen. Wer sich nicht an die ungeschriebenen Intifada-Gesetze hält, gilt als Kollaborateur und riskiert sein Leben.

Während der Intifada ist die Zusammenarbeit mit israelischen Beamten verpönt. Als Kollaborateur gilt bereits, wer sich bei den Besatzungsbehörden um amtliche Papiere oder Ausweise bemüht. Wer sich diesem Verdacht nicht aussetzen will, heuert einen Palästinenser an, der keine Berührungsängste hat und der bei den Israelis die nötigen Papiere gegen Bezahlung besorgen soll. Der Volksmund verurteilt dieses Verhalten und spottet darüber, dass Kollaborateure manchmal Geld annehmen, ohne aber die versprochenen Papiere zu beschaffen. (10)

Die Intifada hat ihre eigenen Gesetze und ihre eigene Mentalität. Sie wird zur Institution, deren Kraft und Verhaltenskodizes sich keiner entziehen kann. Viele Geschichten und Legenden greifen diese Direktiven auf. Ein vorbildliches Intifada-Verhalten ist zum Beispiel, auf die sonst üblichen mehrtägigen Hochzeitsfeiern zu verzichten. Pompöse Feste und ausgelassene Fröhlichkeit gelten, mit Rücksicht auf die Opfer, als anstössig und werden sanktioniert. Statt das Geld für Feiern auszugeben, solle man es besser in den Kampf investieren. Wer sich nicht intifadamässig verhalte, dem drohe Schlimmes, heisst es moralisierend in etwelchen Geschichten. (11)

Weil ein grosser Teil der palästinensischen Bevölkerung aktiv an der Intifada beteiligt ist, betrachten die israelischen Soldaten jeden Palästinenser als potentiellen Rädelsführer. Mit Ausgehverboten gehen sie gegen ganze Dörfer und Städte vor, um Unruhen zu ahnden. Die Kurzgeschichten beschäftigen sich deshalb intensiv mit Kollektivstrafen und ziehen sie ins Lächerliche. Mit Ad-Aburda-Scherzen verschaffen sich Palästinenser Befriedigung, indem sie den stärkeren Feind als intellektuellen Schwächling hinstellen.

Israelis erscheinen in den Intifada-Erzählungen als Tolpatsche, die ungerechte Urteile fällen und irrational sind. Viele unterstellen den Besatzern, nicht zwischen Ursache und Wirkung unterscheiden zu können. Vor Soldaten, die sich so dämlich aufführen, sei Angst nicht angebracht. Die Ignoranten seien leicht zu besiegen, heisst es in solchen Legenden unterschwellig. Die mündliche Folklore trägt durch die Verfremdung von Alltagssituationen dazu bei, die Qual der Besatzung und die Risiken des Widerstandes erträglicher zu machen. (12)

Als Strafe gegen aufrührerische Aktionen versiegelten Israelis schon vor der Intifada Häuser von Palästinensern, die sie umstürzlerischer Aktivitäten verdächtigt hatten. Zum neuen Intifada-Bewusstsein der Palästinenser gehört es, sich diese Schikanen nicht mehr ohne Widerspruch gefallen zu lassen. Gegen die Praxis können sie zwar nichts ausrichten. Sie versuchen aber, den Schaden zu relativieren, indem sie sich eine witzige Gedankenwelt schaffen, in der sie die Sieger sind.

Gerne schildern sich die Palästinenser auch als kompromissbereites Volk, das nur deshalb nicht im eigenen Staat leben kann, weil die israelischen Politiker arrogant sind und einen Frieden zum Nulltarif anstreben. Intifada-Witze machen auch klar, dass sich die selbstbewussten Palästinenser nur noch an die Befehle der Intifada-Führung halten sollen; von den Israelis wollen sie sich nichts mehr vorschreiben lassen. (13)
Im Sommer 1990 lässt die Intifada nach. Es gelingt den Israelis, deren homogene Führung zu spalten, indem sie Geheimagenten einschleusen und Kollaborateure anheuern. Die bisherige Einheit und die kollektiven Anstrengungen der Palästinenser fallen auseinander. Die Gesellschaft ist mit einem neuen Phänomen konfrontiert: Bandenkriege zwischen rivalisierenden Gruppierungen, bei denen fast täglich Palästinenser von Landsleuten umgebracht werden.
Das Abflauen der Intifada zu Beginn der neunziger Jahre hat auch ökonomische Ursachen. Die Wirtschaft steht vor dem Kollaps. Eine Vielzahl von neuen administrativen und steuerlichen Schikanen treibt die Menschen in den Abgrund. Vor allem die Mittelschicht wendet sich vom Kampf ab. Ökonomisch steht für sie zu viel auf dem Spiel. Die Bevölkerung ist demoralisiert, weil sich politisch, Intifada hin oder her, nichts bewegt. Dem Friedensprozess, der nach dem Golfkrieg beginnt, sehen sie ohne Zuversicht entgegen. Das führt zu einem neuen Typ von Intifada-Geschichten.
Reflektieren die Intifada-Erzählungen anfänglich ein steigendes Selbstbewusstsein und Optimismus, Kampfbereitschaft und Solidarität, widerspiegeln sie ab 1991 abermals wachsende Frustration. Im Grunde haben wir nichts erreicht, erzählen sich die Palästinenser nun desillusioniert. Die anfänglich einhellige Unterstützung der Intifada und die strenge Disziplin wird im Laufe der Monate durch politische Meinungsverschiedenheiten und interne Streitigkeiten bedroht. Nicht mehr der palästinensische Held steht im Zentrum des Humors, sondern der innerpalästinensische Zwist. So wird zum Beispiel die Stadtbevölkerung,

einschliesslich die palästinensischen «Schildbürger» aus Hebron, aufs Korn genommen, weil sie sich angeblich zu wenig einsetzt, um die israelische Okkupation loszuwerden. In Flüchtlingslagern macht man sich über wohlhabende Städter lustig, denen ihre Bequemlichkeit wichtiger sei als der Kampf für die Nation. Mit eingeschlossen ist die Kritik am westlichen Lebensstil der Reichen. (14)

Kurz: Am Ende der Intifada überwiegt erneut der sarkastische, ätzende Humor. Nichts charakterisiert diesen Stimmungswandel besser als das Verballhornen des Wortes Intifada (was Abschütteln bedeutet). Aus «Intifada» mit der stolzen Konnotation des Befreiungskampfes wird ein verächtliches «Intifassa», indem das Wort «Intifada» mit einem fatalistischen Augenzwinkern etwas schludrig ausgesprochen wird. Das tönt zwar ähnlich wie Intifada, heisst aber genau das Gegenteil: nämlich so viel wie «aufgeben» oder «besiegt werden», «eine Schlacht verlieren». Statt unerschrockener Kinder dominieren nun kränkliche Babies, die gleich nach ihrer Geburt sterben, die Geschichten. Dass in einem Aphorismus die Prophezeiung über das Anhalten der Intifada mit dem Tod quittiert wird, widerspiegelt die Verzweiflung der Bevölkerung. (15)

1. Depression und Trübsinn

An einer internationalen Auktion werden Gehirne versteigert. Für das palästinensische wird zur Überraschung aller Anwesenden am meisten geboten.
«Weshalb erzielt ausgerechnet das palästinensische Hirn den höchsten Preis?», fragt ein Palästinenser.
Antwortet ihm ein Landsmann:
«Weil es noch nie gebraucht worden ist.»

Jassir Arafat erhält zusammen mit drei Spitzenpolitikern eine Audienz bei Gott. Jeder darf einen Wunsch für sein Land vorbringen. Helmut Kohl möchte die Wiedervereinigung Deutschlands, Margaret Thatcher eine schnelle Privatisierung der Wirtschaft und Jacques Delors ein starkes Europa.
«Zu eurer Lebzeit werde ich dies kaum erfüllen können, aber sicher später», sagt Gott zuversichtlich.
Wie sich Arafat einen palästinensischen Staat wünscht, meint Allah indessen traurig: «Diesen Wunsch kann ich dir nicht einmal in *meinem* Leben erfüllen.»

Um uns Palästinenser für die Leiden im Diesseits zu entschädigen, versprach uns Gott einen schönen Platz im Paradies. Als aber eines Tages eine Gruppe aus Gaza an der Himmelspforte anklopft, wird sie abgewiesen:
«Alle Plätze im Paradies sind besetzt», heisst es.
Der Protest gegen den Wortbruch fällt dermassen laut aus, dass Allah ein Fenster öffnet und sich nach dem Grund der Ruhestörung erkundigt. Wie er den Anlass der Auseinandersetzung erfährt, entscheidet er:
«Es gibt nur eine Lösung für euch Palästinenser: Ab ins Flüchtlingslager!»[1]

---

[1] In einer Variante gib Gott den Engeln die folgende Anweisung: «Im hinteren Teil des Himmels hat es noch Platz. Dort könnt ihr die Zelte der Palästinenser aufstellen.»

2. Ermunterung und Solidarisierung

Ein Kind der Familie Yazuri aus Gaza wird bei einer Demonstration getötet. Wie die Mutter die furchtbare Nachricht erfährt, bricht sie nicht etwa in lautes Weinen aus, sondern sagt gefasst, tapfer und beherzt:
«Wer sein Heimatland retten will, muss bereit sein, dafür zu sterben.»

Die Familie Bake aus Gaza hat kurz vor dem Ausbruch der Intifada einen ihrer Söhne verloren. Jetzt weigert sich der stolze Vater, eine finanzielle Wiedergutmachung der Israelis anzunehmen:
«Das Blut der Familie Bake ist nicht käuflich.»

3. Kämpferische Babies

Eine Frau, die soeben ein Kind geboren hat, wird auf dem Heimweg von Soldaten angehalten. Sie wollen wissen, ob es ein Junge oder ein Mädchen sei.
«Es ist ein Junge», sagt die Palästinenserin stolz.
«Ach, ein Junge», sagen die Soldaten, «zeig uns doch seine Hände!»
Die junge Mutter erstaunt:
«Wozu wollt ihr denn seine Händchen sehen?»
Die Soldaten:
«Weil er darin Steine versteckt haben könnte.»

Während einer Ausgangssperre setzen bei einer Palästinenserin die Wehen ein. Zwei israelische Soldaten fahren sie rasch in die nächste Klinik. Es sind Zwillinge. Wie der Erste den Kopf herausstreckt und die Uniformierten erblickt, krabbelt er schnell in den Mutterleib zurück und ruft seinem Zwillingsbruder zu:

«Achmed, wir sind umzingelt. Bring Steine! Wir müssen angreifen!»

Ein kleines Kind, kaum drei Jahre alt, wird von Soldaten gefasst. Bei der Abklärung seiner Personalien stellen die Israelis fest, dass sie diesen Bengel schon seit langem suchen. Sie halten ihn für einen ganz besonders gefährlichen Aufrührer: Er hat, sind sie überzeugt, die Intifada in der Stadt organisiert. Obwohl er der berüchtigte Rädelsführer ist, salutieren die Israelis voller Ehrfurcht und Achtung vor dem Kind.

«Wer hat euch befohlen, Steine zu werfen?», wollen die Soldaten wissen.
«Mein Bruder Mahmoud.»
Die Israelis glauben, es handle sich dabei um den älteren Bruder. Wie sie ihn aber fassen, erkennen sie ihren Irrtum: Der berüchtigte Mahmoud ist – ein Säugling.

4. Jugendliche Täuschungsmanöver

Ein Soldat, der sich auf einer Patrouille in einem Flüchtlingslager verirrt hat, ruft einem palästinensischen Kind zu:
«Wie heisst du?»
Der Junge, der unter der Besatzung Hebräisch gelernt hat, nutzt seine Sprachkenntnisse aus, um den israelischen Soldaten auszutricksen.
«Rafi», schreit der Junge zurück, der sich schlagfertig einen israelischen Namen zugelegt hat.
Der Soldat fällt auf den Trick herein. Arglos näherte er sich dem Kind, um es nach dem Weg zu fragen. Doch da ergreift «Rafi» einen Stein und schleudert ihn gegen den Soldaten.

Soldaten wollen einem jungen Steinewerfer einen Denkzettel erteilen. Sie binden ihn auf die Haube des Panzerwagens, mit

dem sie durchs Flüchtlingslager fahren. Doch der Bestrafte düpiert die Peiniger, indem er seinen Freunden die ersten Worte eines populären nationalistischen Liedes zuruft:
«Wie schön ist es doch, auf der Motorhaube eines Panzers zu sterben.»

Ein israelischer Soldat verfolgt zwei junge Intifada-Kämpfer, die Steine geworfen haben. Einer entwischt ihm, aber den zweiten kann er fassen.
«Wer ist der Junge, der mit dir war?», will der Soldat wissen.
«Das kann ich dir leider nicht sagen.»
«Weshalb nicht?»
«Weil er von der Demokratischen Front ist. Ich aber kämpfe für die Volksfront.»

5. *Mutterstolz*

Zwei Frauen, eine Ägypterin und eine Palästinenserin, warten im Kreissaal. Während die Ägypterin ruhig im Bett liegt, schreit die Palästinenserin laut vor Schmerz. Meint der Arzt zur Palästinenserin:
«Nimm dir ein Beispiel an der Ägypterin. Sie schreit nicht.»
Die Palästinenserin schlagfertig:
«Es ist eben viel leichter, eine Bauchtänzerin zu gebären als einen palästinensischen Jungen, der kämpft.»

6. *Heldinnen*

Während einer Demonstration in Gaza verirrt sich ein Soldat in einem Flüchtlingslager. Frauen überwältigen ihn, reissen ihm die Kleider vom Leib und sagen zu ihm:
«Richte deinem Offizier schöne Grüsse von den Frauen Palästinas aus.»

Weil der Sohn einer Palästinenserin aus der Westbankstadt Jenin israelische Soldaten mit Steinen bewarf, zerstörten die Israelis das Haus der Familie. Doch statt zu wehklagen, singt die Mutter fröhlich. Was sie denn so glücklich mache, will der Offizier von ihr wissen.
«Jetzt, da mein Haus zerstört ist, haben wir wieder Steine.»

Eine Palästinenserin sieht, wie auf der Hauptstrasse von Ramallah ein junger Mann von einem israelischen Soldaten festgenommen wird. Unverzüglich wirft sie sich auf den Soldaten und herrscht ihn an:
«Lass meinen Sohn los! Er hilft mir beim Einkaufen!»
So gelingt es ihr, den jungen Mann zu befreien. Schleunigst macht sie sich mit ihm aus dem Staub. Wie sie aber in Sicherheit sind, fragt sie ihn schnell:
«Sag mir, Junge, wie lautet eigentlich dein Familienname?»

Ein Intifada-Kämpfer will den anrückenden Israelis entkommen und flüchtet sich ins nächste Haus. Eine Palästinenserin begreift die Situation blitzartig. Sie hebt ihren weiten Rock:
«Versteck dich zwischen meinen Beinen.»
Auf dass kein Missverständnis aufkomme, raunt sie ihm zu:
«Verhalte dich wie mein Sohn.»

Ein Palästinenser, der vor den Israelis flüchtet, wird von einer Palästinenserin in ihr Haus gewinkt.
«Steig zu meiner Tochter ins Bett und verstecke dich neben ihr unter der Decke», flüstert sie ihm zu, bevor die Soldaten anrücken.
Wie die Soldaten das Haus durchsuchen wollen, sagt ihnen die Palästinenserin:
«Hier ist niemand ausser mir, meiner Tochter und ihrem Mann. Überzeugt euch selber davon.»
Der Mann wurde nicht nur gerettet. Wenig später hielt er auch um die Hand der Tochter an.

7. Märtyrerzeichen

Habt ihr es schon gehört? Das Blut, das aus dem Körper eines angeschossenen Intifada-Kämpfers floss, bildete gestern ein V-Zeichen.

Gestern erschien nach dem Tod eines Kämpfers auf seinem Hemd in blutiger Schrift «Allahu akbar» (Allah ist gross), und bei einem anderen Kämpfer schrieb eine unsichtbare Hand mit dem Blut des Märtyrers auf sein Totengewand: «bismilaah» (im Namen Allahs).

Eines Abends sagt ein Knabe zu seiner Mutter:
«Mutter, ich habe das Gefühl, dass ich morgen sterben muss. Ich möchte deshalb an deiner Seite schlafen.»
«Möge Allah dich beschützen», sagt die Mutter erschrocken, «was geht in dir vor?»
«Wie ich dir eben gesagt habe: Morgen werde ich zum Schahid.»
Der Kampf war heftig, doch kein einziger Palästinenser wurde verletzt ausser diesem Knaben, der von einer Kugel tödlich getroffen wurde.
Während der Beerdigung zeigte sich, dass auch seine zweite Vorahnung richtig gewesen war: Sein Sarg wurde plötzlich schwerelos.

8. Wunder

Ein verletzter Intifada-Kämpfer wird von Freunden in die nächste Klinik getragen. Die Operation gelingt: Der Arzt kann die Kugel aus der Milz entfernen, und am nächsten Tag steht der Kämpfer wieder an der Front.
Weshalb so schnell?
Eine zweite Milz war nachgewachsen!

Weil palästinensische Gefangene während eines muslimischen Feiertags gegen die unmenschlichen Haftbedingungen demonstrierten, müssen sie zur Strafe im Gefängnishof schutzlos in der prallen Mittagssonne stehen. Doch siehe da, ein Wunder geschieht: Plötzlich schiebt sich eine dunkle Wolke vor die Sonne und spendet den Gefangenen Schatten.

9. *Fahnen und Graffiti*

Ein Kind muss auf Geheiss eines israelischen Soldaten die palästinensische Fahne von einem Strommast herunter holen. Wie es oben ist, schwenkt es übermütig das Banner und singt laut die palästinensische Nationalhymne, um die Soldaten zu ärgern. Anschliessend befestigt der Junge die Fahne wieder am Mast, lässt sich fallen und stürzt zu Tode. Der Junge hat gesiegt: Die Fahne weht.

Ein Soldat befiehlt einem Jüngling, die Palästina-Fahne vom Pfahl zu entfernen. Doch dieser denkt nicht daran, dem Besatzer zu gehorchen. Stattdessen greift er lässig in den Hosensack und gibt dem Soldaten eine Fahne, die er dort versteckt hält. Mutig sagt der palästinensische Jüngling zum Soldaten:
«Du willst die Fahne? Hier hast du sie. Und jetzt lass mich gefälligst in Ruhe!»

Soldaten befehlen Kindern, anti-israelische Graffiti von der Hauswand zu entfernen. Gehorsam kommen sie dem Befehl nach. Sie streuen Mehl auf die Schrift, und die Soldaten ziehen zufrieden ab. Sobald sie aber verschwunden sind, spritzen die Kinder Wasser auf die Wand. Worauf die verbotenen Slogans wieder zum Vorschein kommen.

Eines Tages entdecken Soldaten in Bir Zeit zwei palästinensische Fahnen: die eine am Kirchturm, die andere an der Baumspitze.

Der Soldat zum palästinensischen Pfarrer:
«Ich weiss, dass dies ein heiliger Ort ist, Vater, und vielleicht hat Gott die Fahne am Kirchturm angebracht. Wer aber hat sie oben an der Zypresse befestigt?»
Worauf der Priester zungenfertig antwortet:
«Mein Herr, die Fahne ist dort, seit der Baum gepflanzt wurde.»

10. Kollaborateure

Eine alte Palästinenserin aus einem Flüchtlingslager bei Nablus will sich eine Reiseerlaubnis beschaffen, um nach Jerusalem zu fahren. Sie geht zur Militärverwaltung, wo bereits viele Menschen warten, stellt sich vor die Menge und ruft laut:
«He, Leute, wer kennt hier einen anständigen Kollaborateur, der mir eine Reiseerlaubnis beschaffen kann?»

11. Eigene Gesetze

Die Familie eines jungen Mannes aus Hebron bereitet die Hochzeit vor. Freunde der Braut beschliessen, Intifada hin oder her, die Verlobte fröhlich singend zum Haus des künftigen Ehemannes zu geleiten, so wie es bei Palästinensern Brauch ist. Freunde des Bräutigams erinnern die Familie zwar daran, dass eine ausgelassene Prozession wegen der Intifada nicht schicklich sei. Doch die Familie lässt sich nicht belehren. Deshalb verschleppen die Freunde den Bräutigam, der bereits jetzt die Verantwortung für seine künftige Familie trägt, an einen abgelegenen Ort. Dort dreschen sie auf ihn ein und zerreissen seine neuen Kleider. Erst am nächsten Morgen bringen sie den Bräutigam mitsamt seinem zerschlissenen Anzug zurück.

12. Der tolpatschige israelische Soldat

Meint ein Palästinenser:
«Das verstehe ich nicht. Die Israelis behaupten, ausschliesslich auf unsere Füsse zu schiessen. Und trotzdem treffen sie immer unseren Kopf.»
Antwortet sein Freund:
«Wir Palästinenser sind eben ein Volk, das auf dem Kopf geht.»

Die Israelis bezeugen, nur in die Luft zu schiessen. Weshalb treffen sie uns trotzdem?
Weil wir Palästinenser fliegen.

Ein Kind befestigt eine palästinensische Fahne auf einem Esel und schickt ihn zum Soldaten, der bei der Strassensperre steht. Der Soldat erschiesst den Esel, weil er die verbotene Fahne trägt.

Wieder einmal wollen die Israelis herausfinden, wer palästinensische Fahnen an einem Strommast befestigt hat. Sie befehlen allen Jugendlichen des Dorfes, hinaufzuklettern. Doch siehe, nur einer schafft es. Die Israelis nehmen nur diesen einen fest. Begründung: Er sei der einzige, der klettern könne...

In einem Gefängnishof revoltieren eines Tages Palästinenser gegen die schlechten Haftbedingungen. Die Militärpolizei verliert beim Aufstand um ein Haar die Kontrolle. Nachdem sie die Aufständischen wieder im Griff hat, denkt sie sich eine besonders harte Strafe aus. Im Gefängnis verhängt sie eine Ausgangssperre.

Ein Palästinenser schaut gelassen einem Israeli zu, wie er Mobiliar zerstört.
«Nur zu», sagt er zum Israeli, «die PLO wird uns entschädigen.»

13. «Wir gehorchen nur der Intifada-Führung»

Nachdem Palästinenser einen israelischen Soldaten gefangen genommen haben, rennt Ministerpräsident Jitzchak Schamir durchs Flüchtlingslager und bettelt:
«Gebt mir unseren Soldaten zurück!»
Wie die Palästinenser wissen wollen, was sie für die Herausgabe der Geisel bekämen, meint Schamir schroff:
«Nichts!»

Israelische Soldaten zerstören die Möbel von Achmed, weil sie glauben, er sei einer der Anführer der Intifada. Darauf versiegeln sie das Haus. Doch ein junger palästinensischer Mann bricht das Siegel auf, stellt das Haus instand und gibt es der rechtmässigen Eigentümerin zurück.
«Weshalb hast du das Haus ohne meine Genehmigung bezogen?», herrscht ein Soldat die Frau an.
Schlagfertig antwortet sie:
«Ohne Genehmigung? Unser palästinensischer Kommandant hat mir doch die Erlaubnis gegeben.»

14. Ermüdungserscheinungen und Abwendung

Wie haben die Leute in der Stadt Nablus die Intifada unterstützt? Sie standen auf ihrem Balkon und schauten voller Mitleid auf das nahe gelegene Flüchtlingslager Balata, wo wieder einmal viele Opfer zu beklagen waren. Aus sicherer Distanz schrien die Bewohner von Nablus den Flüchtlingen zu:
«Wir unterstützen euch! Wir stehen zu euch! Macht weiter!»

Um sich während der Initifada die Finger nicht zu beschmutzen, packen Städter die Steine in Kleenex-Papier.

Seht euch unsere reichen Palästinenser an: Die einen werfen

keine Steine, sondern Schokoladeriegel. Andere stellen brennende Pneus auf ein Silbertablett, damit ihre Strasse nicht verunziert wird.

Palästinenser aus Ost-Jerusalem haben einen neuen Kampfruf: «Falls ich einen Israeli erwischen sollte, werde ich ihm sagen: Ich hasse dich, ich hasse dich.»

Bevor sie sich an einer Demonstration beteiligen, ziehen die Bürger Ost-Jerusalems auf der Strasse mit Kreide eine Linie – und erst danach schreien sie aus sicherer Distanz anti-israelische Slogans.

Ein junger Mann aus wohlhabendem Haus hat sich bei seiner Verhaftung nicht gewehrt, sondern die Soldaten bloss mit dem Fluch bedacht: «Möge Allah die Videoanlage deiner Eltern zerstören!»

Den Ausbruch der Intifada verpasst haben die Bürger von Hebron.
Weshalb?
Als sie die ersten Demonstrationen sahen, dachten sie, es handle sich um eine Beerdigung. Daher blieben sie zu Hause.

15. *Intifassa*

Kurz nach der Geburt schreit ein Säugling:
«Die Intifada lebt!» – und stirbt.

2. Golfkrieg

«Ach Daddy, schenk mir doch bitte Katar»:
Saddam Hussein ist die einzige Hoffnung

Während des Golfkriegs erzählen sich die Palästinenser wundersame Heldengeschichten über Saddam Hussein und bespötteln den Aufmarsch der Alliierten in der Wüste. Dass Scud-Raketen in Tel Aviv einschlagen, animiert die Palästinenser zu frivolen Witzen.

Kurz nach der Invasion Kuwaits durch Saddam Hussein verschwindet der Intifada-Humor mit den Witzen über palästinensische Heldentaten. Es zirkulieren nun wohlwollende Bonmots über den irakischen Herrscher und dessen militärischen Fähigkeiten, aber auch Sticheleien gegen die Alliierten, die Saddam Husseins Invasion Widerstand leisten.
Dass die Palästinenser ihr Idol und ihr Feindbild im Ausland ansiedeln, ist verständlich. Die Kraft der Intifada hat nachgelassen. Weder in der Westbank noch in Gaza gibt es Entwicklungen, aus denen die Bevölkerung Hoffnung schöpfen könnte. Ende 1990 droht der palästinensischen Wirtschaft der Zusammenbruch, und die Moral der Leute ist wieder auf einem Tiefpunkt angelangt.
In den ersten Tagen stehen die Palästinenser der Invasion Kuwaits vom 2. August 1990 kritisch gegenüber. Ihre Sympathie gilt den besetzten Kuwaitis, die nun wie sie von einer fremden Macht besetzt sind. Gleichzeitig machen sie sich Sorgen um ihre Familienangehörigen in Kuwait. Nach der Ankündigung der USA, Truppen und Flugzeugträger in die Krisenregion zu entsenden, um die irakischen Truppen aus Kuwait zu vertreiben, setzt jedoch ein Stimmungswandel ein. Palästinenser werfen Washington vor, im Mittleren Osten mit zwei Ellen zu messen: Während Amerikaner für die Befreiung Kuwaits kämpften, würden sie die Besetzung Palästinas dulden.

Zum Idol der Palästinenser wird der irakische Herrscher jedoch erst, nachdem er sich, zumindest verbal, für ihre Anliegen einsetzt. Israel müsse seine Truppen aus den besetzten Gebieten abziehen, bevor er von Kuwait ablasse, sagt er am 12. August. Mit diesem Junktim gewinnt er die Unterstützung der arabischen Massen. Die Palästinenser sehen im irakischen Präsidenten ihren künftigen Befreier. Prompt reist Arafat nach Bagdad und sagt ihm seine Unterstützung im Kampf gegen den Westen zu. Die PLO setzt auf Saddam Hussein als militärisches Gegengewicht zu Israel. Der Irak könnte 54 Divisionen gegen Israel einsetzen, verspricht Saddam den Palästinensern, worauf ihre Irak-Begeisterung noch zunimmt. Die Hoffnung, Saddam Hussein würde sie uneingeschränkt unterstützen, äussert Arafat in einem Interview nach der Invasion Kuwaits: «Er war der erste Staatsmann, der eine Verbindung zwischen dem Erdöl – dem Lebenssaft des Westens, Japans und der übrigen Welt – und dem Palästinaproblem herstellte.» Die offiziellen Beziehungen zwischen Bagdad und der PLO sind ausgezeichnet. Weil er sich im tunesischen Exil nicht mehr sicher fühlt, verlegt Arafat einen Teil der PLO-Büros nach Bagdad, und er überlegt sich sogar, sich vorübergehend in der irakische Hauptstadt niederzulassen.

Saddam enttäuscht die Palästinenser nicht. Obwohl die Ressourcen seines Landes durch den Krieg mit dem Iran absorbiert sind und er auf einem Schuldenberg von 60 Milliarden Dollar sitzt, überweist er den Palästinensern eine Nothilfe in der Höhe von 40 Millionen Dollar, welche die auf Sparflamme kochende Intifada anheizen soll.

Ihren neuen Held preisen die Palästinenser als den Mann, der ihre nationalen Träume erfüllen werde. Sie verherrlichen ihn als «neuen Saladin», den legendären Feldherrn, der die Kreuzritter besiegte und der in derselben Stadt wie Saddam auf die Welt gekommen war. Nachdem Saddam Hussein kürzlich den achtjährigen Krieg gegen den Iran für sich entschieden habe, würde er wohl bald auch Israel besiegen können, hoffen die Palästinenser. Im Sommer 1990 erzählen sie sich überschwengliche Helden-

geschichten über ihren Freund «Onkel Saddam» und loben ihn, weil alle vor ihm zittern. Sogar vor verbalen Protesten würden seine Nachbarn zurückschrecken, weil sie Angst hätten, das nächste Opfer des irakischen Herrschers zu werden.
So entwickelt sich Saddam Hussein zur palästinensischen Lichtgestalt. Für die Palästinenser (wie übrigens auch für andere arabische Nationen) spielt sich der Golfkrieg nicht auf einem weit entfernten Schauplatz ab. Er wird vielmehr als eine innenpolitisch relevante Angelegenheit empfunden. Weil er alle anderen Themen in den Schatten stellt, rückt er zum zentralen Thema des palästinensischen Humors auf. Überschwenglich feiert der Volksmund Saddam als allgewaltigen Herrscher, der mit den Nachbarländern spiele und seiner Familie ganze Scheichtümer zum Geschenk mache. Er könne den Palästinensern jeden Wunsch erfüllen.
Die Palästinenser lassen in ihren Dörfern und Flüchtlingslagern die irakische neben der palästinensischen Flagge wehen. Spruchbänder wie «Wir sind mit dir, Saddam» und «Saddam, wir unterstützen dich mit unserem Blut» gehören im Sommer 1990 zum festen Bestandteil der Kundgebungen in den besetzten Gebieten. Notable und Intellektuelle unterzeichnen Depeschen, in denen sie dem Irak die bedingungslose Unterstützung im Kampf gegen den amerikanischen Imperialismus zusagen. Neugeborene werden nach dem irakischen Führer benannt: Dem Namen Saddam Hussein wird in der Westbank geradezu eine magische Kraft zugesprochen. Das zeigt sich etwa in einer Geschichte, in der ein Arzt das Präparat «Saddam Hussein» als Medizin gegen eine böse Krankheit verschreibt. (1)
Auch die Palästinenser, die in Israel leben, teilen die Saddam-Begeisterung. Sie identifizieren sich weder mit Israel noch mit den Alliierten, sondern mit ihrem Volk in den besetzten Gebieten. Die Hingabe führt bei arabischen Israelis im Norden des Landes, in Galiläa, zu Legenden, wonach Bewohner Saddam Hussein in voller militärischer Montur als den Mann im Mond erkannt haben wollen, wie sie sich im Sommer 1990 erzählen. In

anderen Geschichten aus jener Zeit erscheint Saddam Hussein als ein von Gott gesandter Retter, der die Palästinenser beschützt und vor dem im Grunde genommen auch das starke Israel Angst haben müsse.

Interessant ist, dass während des Golfkriegs keine Witze über innerpalästinensische Spannungen zirkulieren – im Gegensatz zur Intifada, in der vor Kollaborateuren gewarnt oder sich die kämpferische Jugend über die verwöhnte Stadtbevölkerung lustig machte, weil sie sich angeblich zu wenig am Kampf gegen die israelische Besatzung beteiligte. Das deutet darauf hin, dass bei den Palästinensern ein genereller Konsens über die gerechte Sache des Iraks herrscht.

Die Witze aus jener Epoche richten sich gegen die westlichen und arabischen Alliierten sowie gegen Israel. Vor allem die Herrscher Ägyptens und Saudi-Arabiens werden in palästinensischen Anekdoten karikiert und kritisiert. Das feste Vertrauen auf einen irakischen Sieg wird erzählerisch verstärkt, indem die arabischen Feinde des Iraks als schwach und dumm dargestellt werden. Nur deren Regimes, nicht aber die Bevölkerung dieser Länder – ausser der saudi-arabischen – werden in den Witzen negativ erwähnt. Sie thematisieren die Kluft zwischen der Bevölkerung, die mit dem Irak sympathisiert, und den Regimes, welche die Alliierten in ihrem Kampf gegen Saddam Hussein unterstützen. Verschont vom palästinensischen Spott werden lediglich die Herrscher Jordaniens, des Sudans und des Jemen – Länder, die beim westlichen Grossaufmarsch am Golf nicht mitmachen. (2)

In ihren Erzählungen setzen sich die Palästinenser auch mit der Rolle der Alliierten auseinander. Ihre feindseligen Gefühle gegenüber dem Westen verarbeiten sie in Witzen, in denen die Soldaten der arabisch-westlichen Anti-Saddam-Front als dumme, verweichlichte Kämpfer hingestellt werden. Sie würden sich im heissen Wüstensand nicht zurechtfinden, heisst es etwa in einem palästinensischen Golfkrieg-Witz, und seien deshalb für die «Operation Wüstensturm» schlicht nicht gewappnet. (3)

Die kritische Haltung gegenüber dem Westen und einigen arabischen Regimes führt auch zu Witzen, die den US-Präsidenten George Bush aufs Korn nehmen. Zahlreiche Geschichten handeln davon, wie sehr er und die Amerikaner sich vor Saddam Hussein fürchten. Wie schon während der Initifada sprechen sich Palästinenser erneut mit Witzen Mut zu. Wenn sogar Bush Angst habe, werde Saddam gewiss siegen. (4)
Obwohl arabische Staaten auf beiden Seiten der Front engagiert sind, verstehen die Palästinenser den Krieg letztlich als eine Auseinandersetzung zwischen der westlichen und der arabischen Welt – eine Deutung, die auch zu Witzen über die Religion führen.
Die Präsenz amerikanischer Truppen in Saudi-Arabien ist für viele Moslems ein unerhörter Affront, ein Angriff auf ihre religiöse Identität und ihr spirituelles Zentrum. Dass die Palästinenser das Gefühl haben, muslimische Heiligtümer in Mekka dem amerikanischen Imperialismus opfern zu müssen, kommt in Darstellungen zum Ausdruck, die die Wallfahrt verhöhnen. So wird zum Beispiel der Höhepunkt der Pilgerfahrt, das siebenmalige Umkreisen der Kaaba, des Heiligen Schreins, zum Thema einer Anekdote. Auch Befürchtungen, die Präsenz ungläubiger Soldaten gefährde die Reinheit der Heiligen Stätten, werden in Witzen dramatisiert. Sie widerspiegeln die Besorgnis der Moslems, die Amerikaner würden die Gesetze des Islam missachten und verletzen – zum Beispiel Schweinefleisch konsumieren. Der Verzehr von Schinken symbolisiert den unüberbrückbaren Gegensatz zwischen Amerikanern und Moslems. Erstmals in der Geschichte des Islam, foppen Palästinenser, könne nun Amerika darüber bestimmen, wer in Mekka beten darf und wer nicht. (5)
Als Saddam Hussein Mitte Januar 1991 seine Drohung wahr macht und Scud-Raketen in Richtung Tel Aviv und Haifa abfeuert, erhält er bei den Palästinensern definitiv Kultstatus. Die Palästinenser klettern auf die Dächer ihrer Häuser und bejubeln vorbeifliegende Raketen. Frauen stossen gutturale Trillerlaute aus und geben ihrer Freude Ausdruck, dass ihr Feind unter

Beschuss ist. Populär sind somit auch Witze über Patriot-Raketen, die von den USA in Israel zur Abwehr der Scuds aufgestellt werden. Sie bieten allerdings, wie sich im Ernstfall herausstellt, keinen absoluten Schutz. Insgesamt schlagen 39 irakische Scuds in Israel ein.
Scuds, Patriots und die Angst der Israelis animieren die Palästinenser zu Geschichten, in denen sie die irakischen Angriffe auf die israelischen Städte als eine gerechte Strafe für das historische Unrecht preisen, welches ihnen der Zionismus zugefügt habe. Scud-Raketen sind in den Anekdoten aber auch ein Symbol für die irakische Innovationsfähigkeit und Überlegenheit. Die Tatsache, dass die Scud-Raketen die Verteidigungslinien von Tel Aviv durchbrechen, kann die Bewunderung der Palästinenser für Saddam nur noch steigern. Übermütig kolportieren sie in Geschichten, wie dieses Mal nicht die palästinensischen Gebiete, sondern israelische Städte vom Krieg heimgesucht werden. Der israelische Armeesprecher Nachman Shai, der während des Golfkriegs in Live-Kommentaren weltweit über gelandete Scuds berichtet, rückt zur populären Witzfigur der Palästinenser auf. Die Schadenfreude über die Angst der Israelis zeigt sich auch in hämischen Anekdoten. Israelis hätten sich nun damit abzufinden, dass ihnen der irakische Herrscher Schaden zufügen werde, und könnten sich höchstens damit trösten, dass auch Palästinenser sterben werden. (6)
Witze über das Unglück des reichen Kuwait sind ebenfalls populär. Palästinenser hegen gegenüber den ölreichen Emiraten, wo seit der Vertreibung aus ihrer Heimat (1948 und vor allem 1967) Hunderttausende Palästinenser gearbeitet haben, bittere Ressentiments. Obwohl sie führend am Aufbau der Golfländer beteiligt waren, wurden sie stets als Bürger zweiter Klasse behandelt und fühlten sich von den reichen Scheichs ausgenutzt. Sie verrichteten zwar die intellektuelle Arbeit, mussten gar für die meist ungebildeten Bürger in den Emiraten Briefe schreiben oder ihnen vorlesen – aber politische oder soziale Rechte genossen sie nicht. Zum Ergötzen der Palästinenser behandelt nun

Saddam Hussein die Nachbarn am Golf wie ein Spielzeug. Sie witzeln über den aufwendigen, verschwenderischen Lebensstil der Prinzessinnen, während die Palästinenser in Kuwait hart arbeiten müssen. (7)

Weil Palästinenser den Golfkrieg auch als ein innenpolitisches Thema empfinden, erzählen sie sich Geschichten, die das Geschehen an der fernen Front mit ihrer eigenen Besatzungswirklichkeit verknüpfen. Zu den verhassten Symbolen der Unterdrückung gehören Strassensperren, an denen israelische Soldaten Palästinenser anhalten und untersuchen. Hämisch raunen sich die Palästinenser nun zu, dass sich die Scud-Raketen von solchen Hindernissen nicht aufhalten liessen. (8)

Doch im Grunde genommen haben, Saddam-Begeisterung hin oder her, auch die Palästinenser Angst vor den Scud-Raketen, die genauso bei ihnen einschlagen könnten. So zirkulieren in den Wochen vor dem Kriegsausbruch in allen palästinensischen Städten, Flüchtlingslagern und Dörfern zahlreiche zweiflerische Gerüchte und Legenden. Saddam, der Irak oder die Araber würden den Krieg gewinnen, sagen die «Propheten» voraus. Der Krieg werde aber schrecklich sein, und am Ende werde niemand siegen.

Auch Phänomene der Natur werden vom Volksmund als Omen für schlimme Zeiten gewertet. Weil die Regenperiode, die im Nahen Osten in der Regel Ende Oktober oder anfangs November einsetzt, im Winter 1990/91 aussergewöhnlich lange auf sich warten lässt, unterstellen Gerüchte einen logischen Zusammenhang zwischen der unüblich langen Trockenperiode und dem bevorstehenden Kampf.

Selbstkritisch drücken Palästinenser ihre Zweifel aus, indem sie sich mitten im Krieg über das sonderbare Verhalten ihrer Landsleute aus Hebron lustig machen – und damit wieder einmal sich selber meinen. (9)

Als sich im Frühjahr 1991 die Niederlage des Helden Saddam Hussein abzeichnet, empfinden die Palästinenser die Schlappe des irakischen Herrschers ein Stück weit auch als ihre eigene. Sie

sind nun in ihrer Region isoliert, fühlen sich wieder einmal als die ewigen Verlierer der Geschichte. Ägypten, die Golfstaaten, sogar Syrien haben sich mit der amerikanischen Politik arrangiert – die Palästinenser bleiben ohne Freunde. Ihre Hoffnungen, sich nach dem irakischen Sieg an ihren Feinden rächen zu können und sich politische Vorteile zu verschaffen, gehen nicht in Erfüllung. Die alte «arabische Ordnung», in der die Ansprüche der Palästinenser zumindest verbal unterstützt wurden, ist aufgehoben. Dass Saddam Hussein den Krieg gegen die Alliierten verliert, legen ihm die Palästinenser allerdings nicht als Schwäche aus. Immerhin habe er es als erster gewagt, Raketen gegen Israel abzufeuern.
(10)
Nach dem Ende des Golfkriegs erhält der Humor eine neue Stossrichtung. Die Palästinenser beschäftigen sich wieder mit sich selber. Sie machen sich wenig Hoffnung auf eine bessere Zukunft. Vor der Invasion Kuwaits zählten die dort lebenden 300 000 Palästinenser zu den wohlhabendsten der palästinensischen Diaspora. Sie überwiesen einen Teil ihrer Ersparnisse regelmässig an ihre Familien in der Westbank und im Gazastreifen. Die irakische Invasion setzt diesen Transfers ein Ende. Auch in anderen Golfstaaten kommen Palästinenser unter Druck, weil sich Arafat vorbehaltlos auf die Seite Saddam Husseins gestellt hat. Nach dem Sieg der Alliierten müssen viele palästinensische Gastarbeiter aus den Golfländern flüchten. Die meisten kommen in Jordanien unter. Als Resultat der Völkerwanderung gehen die Überweisungen in die besetzten Gebieten massiv zurück.
Die Unterstützung für den irakischen Herrscher kostet die Palästinenser aus einem weiteren Grund viel Geld. Saudi-Arabien, Kuwait, Katar, die Vereinigten Arabischen Emirate und sogar Libyen stellen ihre Zahlungen an die PLO ein. Auch vom bankrotten Verbündeten in Bagdad ist keine Hilfe mehr zu erwarten.
Politische Enttäuschungen und wirtschaftlicher Niedergang verleiten die Palästinenser wiederum zu selbstverachtenden Witzen, welche an die Monate vor dem Ausbruch der Intifada erinnern.

Sie trügen eigentlich die Schuld für die irakische Schlappe im «Wüstensturm». Es sei kein Zufall, dass Juden und Christen gewinnen, die Moslems aber verlieren würden. In anderen Witzen werden die Palästinenser auf später vertröstet. (11)

1. Der neue Held Saddam Hussein

Nach dem Einmarsch irakischer Truppen in Kuwait wird Saddam Hussein gefragt:
«Wie lange hat die Eroberung Kuwaits gedauert?»
«Vier Stunden.»
«Und wie lange würde es dauern, um Saudi-Arabien einzunehmen?»
«Das schaffe ich in drei Stunden.»
«Und wieviel Zeit würde die Eroberung Bahrains beanspruchen?»
«Ach, das geht ganz schnell. Bahrain nehme ich per Fax ein.»

Die Tochter Saddam Husseins darf sich zum Geburtstag ein Geschenk wünschen. Sie überlegt nicht lange:
«Ach Daddy, schenk mir doch bitte Katar.»

Gleich nach der Invasion von Kuwait wird Saddam Hussein gefragt, wie viele Kinder er habe. Seine Antwort gibt er in Form eines Reims:
«Nicht genug sind ihr meine Söhne Qusai und Udai,
nun hat meine schwangere Frau auch Lust auf Dubai.»[2]

Ein Vater geht mit seinem Sohn zum Arzt, weil dem Kind der Speichel unkontrolliert aus dem Mund läuft. Der Arzt untersucht das Kind und schreibt dreimal den Namen «Saddam» aufs Rezept.
«Was soll das»?, ärgert sich der Vater, «ist die Krankheit meines Sohnes für dich etwa ein Witz?»
Widerspricht der Arzt:

---

2 Es gilt als Sünde, Wünsche einer werdenden Mutter unbefriedigt zu lassen. In der arabischen Kultur wird vom Ehemann erwartet, noch so skurrile oder kostspielige Verlangen seiner schwangeren Frau zu erfüllen.

«Du musst verstehen, Saddam hat der ganzen Welt den Speichel trocken gelegt. Weshalb sollte sein Name nicht auch deinem Sohn helfen?»[3]

Nach der Invasion Kuwaits will sich die Frau von Saddam Hussein scheiden lassen.
«Warum», will ein Iraki wissen, «ist sie seiner überdrüssig?»
«Nicht doch», wehrt ein Berater des Präsidenten ab, «aber seine Frau ist eifersüchtig. Saddam Hussein hat Kuwait umarmt.»[4]

Kurz nach der Eroberung Kuwaits ruft der Emir von Bahrain Saddam Hussein an und droht:
«Höre mir gut zu, Saddam, du tätest gut daran, dich aus Kuwait zurückzuziehen, und zwar sofort und ohne jede Bedingung!»
«Verzeihung», meldet sich Saddam, «wer spricht bitte?»
Da bekommt es der Emir von Bahrain plötzlich mit der Angst zu tun und verleugnet stotternd seine Identität: «Ich… ich… ich bin ddder Emir von Katar.»
Und schnell legt der Emir von Bahrain den Hörer auf.

2. *Die arabischen Brüder*

Nachdem die Irakis die saudi-arabische Stadt Khafjeh vorübergehend erobert hatten, drang ein irakischer Soldat in ein Haus ein. Dort fand er eine der letzten saudi-arabischen Familien, die sich im Haus versteckt hielt. Der Iraki will die Frau töten. Wie die Frau ihn verzweifelt anfleht, sie am Leben zu lassen, hat der Iraki Erbarmen und will wissen, wie die Frau heisst.
«Ich heisse Fattoum.»

---

3 Der arabische Ausdruck «den Speichel trocken legen» bedeutet so viel wie «einen grossen Schrecken einjagen».
4 Das arabische Wort «dham» bedeutet sowohl «umarmen» als auch «annektieren».

«Oh, dann werde ich dich nicht töten, denn meine Mutter heisst auch so.»
Darauf will der irakische Soldat vom Ehemann den Namen wissen.
«Eigentlich heisse ich Mahmoud, aber manchmal nennt man mich bei meinem Kosenamen, und der ist Fattoum.»[5]

«Was würdest du tun, wenn dir die Munition ausgeht?», wird ein saudi-arabischer Soldat gefragt.
Er antwortet: «Ich schiesse natürlich weiter.»
Warum?
«Das ist doch klar. Der Feind soll nicht merken, dass ich keine Munition mehr habe.»

Hosni Mubarak fliegt in die USA, um den kommenden Krieg vorzubereiten. Im Hotel fällt ihm auf, dass an jeder Türe «Push» steht. Damit könne nur der amerikanische Präsident gemeint sein, ist er überzeugt.[6]
Die Idee imponiert ihm. Nach seiner Rückkehr in Kairo erlässt er den Befehl: «Alle Türen sind mit ‹Mubarak› anzuschreiben.»

König Fahd (Arabisch: Panther), Präsident Assad (Löwe) und Präsident Mubarak (der Gesegnete) treten nach ihrem Tod vor Gott, damit er über sie richte. Die drei Herrscher flehen ihn an, ihnen nochmals eine Chance auf Erden zu geben. Gott willigt ein, stellt aber eine Bedingung: Sie sollen als Tiere auf die Erde zurückkehren.
Zu Fahd sagt er: «Da dein Name Fahd ist, wirst du als Panther zurückkehren.»
Zu Assad sagt er: «Da dein Name Assad ist, wirst du als Löwe heimkehren.»

---

[5] Die Verkleidung eines Mannes als Frau gilt in der arabischen Kultur als besonders lächerlich.
[6] P wird auf Arabisch wie b ausgesprochen.

Zu Mubarak aber sagt Gott: «Und du? Du warst dein Leben lang ein Esel, und als solcher wirst du auf der Erde weiter leben.»

3. Lächerliche Alliierte

Amerikanische Soldaten sind so verweichlicht, dass sie ohne Schokolade nicht überleben.[7] Deshalb ersuchen sie ihren Präsidenten dringend um «wüstentaugliche» Nahrungsmittel. Bush soll umgehend Schokolade produzieren, die in der heissen Sonne des Golfs nicht schmilzt.

4. Präsident Bush

George Bush will sich die Haare schneiden lassen. Das ist freilich nicht einfach. Bush hat so wenig Haare! Der Friseur denkt eine kurze Weile nach. Dann hat er eine zündende Idee: Er ruft laut «Saddam!»
Der Trick funktioniert: Die Haare von Bush stehen zu Berge, und der Coiffeur kann seinen Job mit Leichtigkeit ausführen.

Bush sucht auf der ganzen Welt einen Schneider, der ihm aus einem kleinen Stück Stoff einen Anzug fertigt. Doch überall erhält er den selben Bescheid: Das Material reiche nicht aus. Schliesslich macht ihn ein Berater auf die hervorragenden Schneider in Bagdad aufmerksam. Also versucht Bush sein Glück in Bagdad und staunt nicht schlecht: In Bagdad sagt niemand, er habe zu wenig Stoff.
«Wie ist das möglich?», wundert sich der amerikanische Präsident.
Meint ein Schneider: «Es ist ganz einfach. Für die ganze Welt bist du gross – aber bei uns in Bagdad bist du ganz klein.»

[7] Im arabischen Sprachraum ist die Schokolade ein (negatives) Sinnbild für westliches Konsumverhalten.

5. Der Islam ist in Gefahr

Wer in diesem Jahr nach Mekka wallfahren will, benötigt neuerdings zwei Formulare. Erstens muss er sich ein amerikanisches Visum besorgen. Zweitens muss er sein TOEFL-Diplom vorzeigen, um seine perfekten Englischkenntnisse zu beweisen.[8]

Ein Saudi will die Allenbybrücke überqueren, die vom jordanischen zum israelisch besetzten Ufer des Jordanflusses führt. Der israelische Soldat hält ihn an:
«Wohin gehst du?»
«Ich will in der Al-Aksa-Moschee in Jerusalem beten.»
Antwortet der Soldat:
«Das ist unmöglich. Al Aksa ist besetzt, und ich bin ein Teil der Besatzungstruppen.»
Der Saudi denkt einen Moment nach und erkundigt sich dann:
«Weiss unser König davon?»
Der Soldat: «Selbstverständlich weiss er davon. Er hat uns sogar seinen Segen dazu gegeben.»

Besorgte Moslems wenden sich vorwurfsvoll an GIs:
«Wie könnt ihr es wagen, Schweine nach Saudi-Arabien einzuführen?»
Meinen die Amerikaner: «Das sind keine Schweine, das sind Schafe mit Gasmasken.»[9]

Weshalb müssen wir Moslems nicht mehr nach Mekka wallfahren und die Kaaba umkreisen?
Die Amerikaner verpacken den Heiligen Schrein in einen Satelliten und lassen ihn im All um uns Moslems kreisen.

---

8 TOEFL: «Test of English as Foreign Language». Das Diplom ist jedem Araber als Voraussetzung für ein Studium an US-Universitäten bekannt.
9 Das Schaf ist eine Metapher für ein naiv-unverdorbenes reines Wesen, während das Schwein das Hässliche symbolisiert.

6. Die Angst der Israelis

Weshalb spannen die Bürger von Tel Aviv schwarz-weisse Keffiyas über ihre Strassen und Häuser?
Sie hoffen, damit ihre Häuser vor Scud-Raketen retten zu können.[10]

Eine Scud-Rakete nähert sich der Westbankstadt Nablus. Als sie sich dem Boden nähert, rufen die Bewohner:
«Wir sind Araber! Wir sind Araber!»
Die Rakete versteht: Sie entschuldigt sich und nimmt Kurs auf Tel Aviv.

Die Palästinenser lassen ihrer Phantasie freien Lauf, wenn sie sich vorstellen, was mit den Raketen passiert, wenn sie die freizügige Bademode am Strand von Tel Aviv erblicken: Sobald Scud-Raketen über den Stränden von Tel Aviv fliegen, werden sie um einige Zentimeter länger.

Der israelische Militärsprecher Nachman Shai hat vor den Scud-Raketen dermassen grosse Angst, dass er in der Nacht halluziniert. Unaufhörlich stammelt er «Husseini» und «Abbas», die irakischen Bezeichnungen für die Scud-Raketen. Shai wird zur Behandlung der Phobie zu einem Arzt geschickt. Der Mediziner fackelt nicht lange und verschreibt dem Israeli prompt Patriot-Zäpfchen. Sein Rat:
«Stecken Sie sich die in den Hintern.»

Wie eine Husseini-Rakete über palästinensisches Gebiet fliegt, wird sie von den stets gastfreundlichen Beduinen auf eine Tasse Kaffee eingeladen. Meint die Rakete:
«Sehr freundlich von euch, aber ich möchte lieber Shai (Tee) in Tel Aviv einnehmen.»

---

10 Der Palästinenser weiss: Wer während der Intifada unbehelligt durch die besetzten Gebiete fahren will, legt eine Keffiya aufs Armaturenbrett.

Ein israelischer Soldat schlägt ein arabisches Kind. Die Mutter des Opfers greift ein und droht:
«Saddam wird kommen und dich töten.»
Worauf der Soldat, der sich vor Saddam Hussein fürchtet, antwortet:
«Er wird uns beide töten – dich und mich.»

7. *Spitzen gegen Kuwaitis*

In einer kuwaitischen Zeitung gibt eine Familie aus Sri Lanka eine Annonce auf:
«Wir suchen einen Diener aus Kuwait, der nach Colombo kommt. Gutes Salär, angenehme Arbeitsbedingungen. Bewerber mit einem Empfehlungsschreiben eines Palästinensers werden bevorzugt behandelt.»[11]

Die Tochter von Scheich Jaber Al Sabbah, des Scheichs von Kuwait, studiert in Europa. Sie weiss noch nichts vom Einmarsch Saddam Husseins in Kuwait und ruft nach Hause an.
«Spreche ich mit Daddy Jaber?», vergewissert sie sich.
Doch eine Stimme antwortet hämisch:
«Nein, hier spricht Onkel Saddam.»

8. *Intifada-Alltag*

Eine Patriot-Rakete will von einer Scud wissen:
«Bist du eine Scud-Rakete?»
Die Scud-Rakete antwortet korrekt und verwendet den traditionellen arabischen Namen, den ihr die Iraki gegeben haben:
«Nein, ich bin eine Husseini.»

11 Reiche kuwaitische Familien beschäftigen Hauspersonal aus Sri Lanka. Nach dem irakischen Einmarsch müssen sich nun die ehemaligen Herren aus Kuwait als Dienstboten in Ostasien verdingen.

Die Patriot lässt sich täuschen: Sie kennt nur den Namen «Scud» und sagt auf Hebräisch, den schneidigen Tonfall israelischer Soldaten an den Strassensperren imitierend: «Fahr weiter.»

Weshalb gehen Scud-Raketen nicht auf der Westbank nieder, wohl aber im nahen Tel Aviv?
Weil die Israelis eine Ausgangssperre über den palästinensischen Gebieten verhängt haben.

9. *Ängste und Zweifel*

Frauen von Hebron sollen während des Golfkrieges mit stahlverstärkter Unterwäsche ins Bett gegangen sein. Saddam habe doch gedroht, alle sensible Zonen anzugreifen.

Ein Mann aus Hebron, der sich während des Krieges im Irak aufhält, wird als Soldat eingezogen. Er soll auf einer Rakete gegen Tel Aviv reiten. Wieso soll ich die teure Rakete den Israelis schenken?, denkt der Selbstmordpilot, und steuert mit der Scud schnurstracks auf seine Heimatstadt Hebron zu.

In Hebron wird eine grosse Nachfrage nach Gasmasken festgestellt. Die Leute haben Angst, eine der Scud-Raketen könnte bei ihnen einschlagen. Pro Person verlangen sie zwei Gasmasken. Ihre Begründung: Der Irak verfügt angeblich über zwei Arten von chemischen Raketenköpfen.

10. *Bis zum bittern Ende*

Am Ende des Krieges kommt der stellvertretende Premierminister Tarik Aziz zum irakischen Herrscher und erhebt zwei Finger zum V-Zeichen.

«Was, haben wir trotz allem gewonnen?», will Saddam erregt wissen.
«Nein», sagt Aziz, «aber wir sind die einzigen, die übrig geblieben sind.»

Saddam Hussein wird als Kriegsverbrecher von einem amerikanischen Gericht verurteilt. Er wird mit dem Tode bestraft. Bevor die Todesstrafe vollzogen wird, darf er einen Wunsch äussern.
«Ich will ein gebratenes Huhn», sagt er seinen Wächtern.
Sie erfüllen ihm seinen Wunsch, warnen ihn aber:
«Sei vorsichtig, denn was du dem Huhn antust, werden wir auch dir antun.»
Saddam Hussein hört dies, nimmt das Huhn – und küsst ihm den Hintern.

11. Selbsthass kehrt zurück

Weshalb gewinnen die Alliierten den Krieg gegen den Irak?
Gott hat Juden und Christen lieber als uns Moslems. Juden und Christen blicken beim Beten zu Gott. Wir Moslems aber zeigen ihm beim Beten, wenn wir uns auf den Boden werfen, unseren Hintern.

Die Irakis schreiben auf ihre Fahne: «Gott ist gross».
Die Jordanier: «Möge Gott uns beschützen».
Die Israelis: «Gott ist mit uns».
Die Saudis: «Es gibt keinen Gott ausser Bush».
Und wir Palästinenser?
Für uns ist die Schlacht verloren. Wir schreiben auf unsere Fahne: «Möge sich Gott bei einer anderen Gelegenheit erkenntlich zeigen».

3. Palästinenser und Israelis verhandeln über den Frieden

Warum der Esel flüchtet:
Skeptischer Blick auf Madrid, Oslo und Arafat

Während palästinensische Delegierte mit den Israelis über die politische Zukunft der besetzten Gebiete verhandeln, zirkulieren im Volk bissige Geschichten, die den Patriotismus seiner Delegierten und den Erfolg der Friedensbestrebungen in Zweifel ziehen.

Kurz nach dem Ende des Golfkrieges initiiert US-Präsident George Bush einen neuen Versuch zur Lösung des Nahostkonflikts. Im März 1991 schickt er seinen Aussenminister James Baker in den Nahen Osten. Baker hat den Auftrag, den Friedensprozess in Gang zu setzen und eine internationale Konferenz vorzubereiten. Ende Oktober 1991 wird sie in Madrid feierlich eröffnet.
Bald schon machen die Palästinenser ihre Witze über den Friedensprozess, dem sie von Anfang an skeptisch gegenüberstehen. Zweifel steigen in ihnen nämlich bereits bei der Vorbereitung der Konferenz auf. Der israelische Regierungschef Jitzchak Schamir akzeptiert als Verhandlungspartner nur Palästinenser aus der Westbank und aus dem Gazastreifen. Palästinenser aus Ost-Jerusalem und aus der Diaspora will er ausschliessen, ebenso die PLO und deren Chef Arafat. Die palästinensische Delegation, fordert Schamir zudem, müsse als Teil der jordanischen Abordnung auftreten. Eine eigene Vertretung will er den Palästinensern nicht zugestehen. Der Hardliner setzt seinen Willen durch. Die USA, sind die Palästinenser deshalb überzeugt, würden eben alle israelischen Bedingungen akzeptieren.
Die ersten Witze über den Friedensprozess, die im Juni 1991 zirkulieren, dokumentieren das tiefe Misstrauen der Bevölkerung Cisjordaniens und des Gazastreifens gegenüber der Diplo-

matie. Was kann unsere Delegation schon leisten? Die zweiflerische Frage führt bereits in einer frühen Phase zu kritischen Witzen über die Dummheit und Inkompetenz der palästinensischen Unterhändler. Sie würden oft nicht einmal wissen, wessen Interessen sie vertreten. Implizit schwingt immer wieder auch der Vorwurf mit, die palästinensischen Delegierten seien zu wenig patriotisch eingestellt und würden den Forderungen der USA und Israels zu wenig Widerstand entgegensetzen. Die Ignoranz und Unterwürfigkeit der palästinensischen Delegierten kenne keine Grenzen. (1)
Vom Gewitzel verschont bleibt hingegen die PLO-Führung in Tunis. Die palästinensische Vertretung rapportiert zwar regelmässig an Arafat und reist sogar zu ihm, um Instruktionen entgegenzunehmen. Aber gegen aussen tritt der Rais nicht in Erscheinung. Ebenfalls ungeschoren davon kommt der Leiter der Palästinenserabordnung, der in Gaza lebende Arzt Haider Abdel Schafi. Er geniesst das Vertrauen der Basis. Böse Witze drehen sich indessen vor allem um diejenige Palästinenserin, die gegenüber der Presse namens der Delegation Red und Antwort steht: Hanan Aschrawi. Die 1946 geborene Aschrawi, die an den Universitäten von Beirut und Virginia promoviert hat und an der Westbank-Universität von Bir Zeit Englische Literatur unterrichtet, bietet sich für populistische Bonmots geradezu an. Aschrawi ist zwar eine geschickte Wahl. Politisches Bewusstsein hat sie bereits in ihrer Doktorarbeit zum Thema «Palästinensische Literatur unter israelischer Besatzung» erkennen lassen, und den Westen beeindruckt sie mit ihren gekonnten Medienauftritten. Dass aber ausgerechnet eine Frau – und erst noch eine Christin – als Sprecherin der Delegation eine Schlüsselrolle erhält, ist für die konservative, mehrheitlich islamische und von Männern dominierte Gesellschaft ein Affront. Zu Hause erzählt man sich vor allem in intellektuellen Kreisen und unter jungen Politikern kritische Witze über sie. Sie stammen vielleicht auch von ehrgeizigen Zeitgenossen, die gerne selber in Madrid dabei wären, aber von Arafat übergangen worden sind.

Die Witze richten sich nicht bloss gegen einzelne Personen, sondern auch gegen das Vorgehen. Die Vorbereitungen der Madrider Gespräche, wird der Delegation zum Beispiel vorgehalten, würden sich ausschliesslich nach amerikanischen, und nicht nach den palästinensischen Bedürfnissen richten. Gehorsam akzeptiere die palästinensische Vertretung alle amerikanischen Diktate. Statt für die palästinensische Nation zu kämpfen, würde sie sich den US-Unterhändlern emotionell zu weit annähern, sich mit ihnen weitgehend identifizieren und sich als Teil der amerikanischen Familie fühlen. (2)

Die bilateralen Verhandlungen, die sich nach der Eröffnungssitzung in Madrid bis August 1993 hinziehen, erbringen zwar keine Resultate. Doch bei geheimen Treffen israelischer und palästinensischer Intellektueller kommt es zum Durchbruch. Was als Meeting von Akademikern ohne politischen Auftrag in Oslo begann, führt Mitte September 1993 zum ersten Abkommen zwischen Israelis und der PLO.

Erstmals anerkennen die Israelis die Existenz des palästinensischen Volkes und die PLO als dessen legitime Vertretung, und im Gegenzug bekräftigen die Palästinenser das Recht Israels auf sichere Grenzen. Auf dem Rasen vor dem Weissen Haus unterschreiben der israelische Aussenminister Schimon Peres und sein palästinensischer Gegenpart Abu Mazen die «Prinzipienerklärung». Sie ist die Grundlage für einen Prozess, der zum endgültigen Friedensvertrag führen soll. Jassir Arafat und Jitzchak Rabin reichen sich die Hand. «Mein Volk hofft, dass das Abkommen, welches wir heute unterzeichnen, dem Kapitel, das während des ganzen Jahrhunderts von Schmerz und Leid geprägt war, ein Ende setzt», sagt Arafat, «mein Volk will dem Frieden eine Chance geben.»

Israel verpflichtet sich zu einem teilweisen Rückzug aus den besetzten Gebieten (Gaza, Jericho) und bekennt sich zur Teilung des Landes. Arafat verspricht Rabin, künftig alle Meinungsverschiedenheiten und Konflikte auf dem Verhandlungsweg zu schlichten und auf Gewalt zu verzichten. Im Gegenzug willigt

Israel in die Gründung der Palästinensischen Autonomiebehörde (PA) ein. Deren bewaffnete Polizisten sollen gegen die Extremistenbewegungen des «Islamischen Dschihad» und der «Hamas» vorgehen.

Einige Zeitgenossen registrieren zwar skeptisch, dass die Osloer Verträge die Frucht geheimer Gespräche sind. Doch sie vertrauen anfänglich Arafats Verhandlungsgeschick. Ihr Rais habe den Israelis Zugeständnisse abringen können, ohne dabei die Hilfe der arabischen Regierungen in Anspruch nehmen zu müssen, konstatiert man nicht ohne Stolz. Von seinen Anhängern in der Fatah-Partei wird Arafat trotz aller Kritik in vielen Witzen als gerissener Politiker geschildert. Er manipuliere, lasse seinen Charme spielen und gewinne am Ende immer. Sogar die Engel könne der schlaue Arafat für seine Sache gewinnen, heisst es in einem Witz. (3)

Obwohl zunächst lediglich eine Einigung über die Grundsätze erzielt worden ist, schöpfen die Palästinenser nach dem Handschlag, den sie als historisches Ereignis feiern, neue Hoffnung auf eine bessere Existenz. Auf der Westbank und im Gazastreifen erleben sie erstmals seit Jahren einen kollektiven Tag der Freude. In ihren Dörfern und Städten hissen sie stolz die bisher verbotene palästinensische Fahne, tanzen übermütig auf den Strassen und skandieren laut und siegessicher patriotische Slogans. Mit Arafat-Postern beklebte Autos rollen laut hupend über die Hauptstrasse Ost-Jerusalems, ohne dass Israels Sicherheitskräfte intervenieren.

Weil die Bevölkerung über relativ wenig Informationen verfügt, geht sie anfänglich optimistisch vom Ende der Besatzung aus. Sie erwartet die baldige Gründung eines unabhängigen Staates Palästina, dessen Hauptstadt Jerusalem ist, und hofft wie selbstverständlich auf die Rückkehr der Flüchtlinge. Die Leute übersehen in ihrer Euphorie allerdings, dass in der «Prinzipienerklärung» nichts über die Gründung eines Staates Palästina steht. Die Diskussion zentraler Themen – zum Beispiel der Status von Jerusalem, die Rückkehr der Flüchtlinge oder die Zukunft der

Siedlungen – wird im Oslo-Vertrag ausdrücklich auf später verschoben. Weil aber das Abkommen lediglich ein Provisorium sein soll, sehen die Palästinenser in ihrer anfänglichen Hochstimmung grosszügig über dessen Mängel hinweg.
Doch die Euphorie hält nicht lange an. Palästinenser werfen Israel zunächst vor, sich langsamer als versprochen aus den palästinensischen Gebieten zurückzuziehen. Im Laufe der Zeit leben zwar fast alle Palästinenser in Städten und Dörfern, die von der PA verwaltet werden. Aber die Zeichen der israelischen Besatzung verschwinden nicht. Beim Reisen zwischen den autonomen Gebieten sind die Palästinenser immer wieder mit der demütigenden Präsenz israelischer Truppen konfrontiert.
Die Witze beschäftigen sich deshalb kritisch mit Arafats Absicht, den Staat Palästina realisieren zu wollen. Er möge ein begabter Revolutionär sein, aber von Politik verstehe er nichts. Erstmals thematisiert der Volksmund auch die Kinderlosigkeit Arafats. In anderen Witzen wird ihm sogar Verrat an der Heimat unterstellt, weil er angeblich israelische Interessen vertrete. Wer auf Arafat setze, sei letztlich ein Esel, lautet eine der gröbsten Anekdoten, welche die ersten Frustrationen über den Friedensprozess signalisiert. (4)
Der Pessimismus in der palästinensischen Bevölkerung nimmt in den ersten Monaten des Jahres 1995 noch zu, als sich die Verhandlungen über die Aufteilung der Westbank und des Gazastreifens ergebnislos in die Länge ziehen. Zunächst erhalten die Palästinenser Jericho und einen Teil des Gazastreifens zur Selbstverwaltung; andere Gebiete sollen später folgen. Die besetzten Gebiete werden in drei Zonen aufgeteilt. Zur sogenannten Zone A gehören unter anderem Gaza-City, Jericho, Bethlehem und Ramallah sowie der arabische Teil Hebrons. In der Zone B – sie umfasst rund 450 palästinensische Dörfer – teilen sich Israelis und Palästinenser die Verantwortung auf. Die israelische Armee bleibt zuständig für Sicherheit, und die Palästinenser kümmern sich um alle zivilen Belange. Die Militärlager und Siedlungen bleiben als Zone C ausschliesslich den Israelis vorbehalten.

Ende September unterschreiben Aussenminister Peres und PLO-Chef Jassir Arafat das Oslo-II-Abkommen. In den folgenden Monaten zieht Israel seine Truppen sukzessive aus den palästinensischen Städten der Zone A ab. Palästinensische Polizisten rücken nach.
An der Zergliederung der Westbank und des Gazastreifens in drei Zonen zerschellt ihr Traum vom Staat Palästina, wie die Palästinenser jedoch bald ernüchtert feststellen müssen. In Anlehnung an die südafrikanische Geschichte sprechen sie spasseshalber von «Palustan». Selbst nachdem Israel weitere Städte an die palästinensischen Sicherheitskräfte übergeben hat, kontrolliert Arafat kein zusammenhängendes Gebiet, sondern bloss Stadtgebiete und grosse Dörfer, deren Zufahrtsstrassen ringsum vom israelischen Militär kontrolliert werden.
Bitter reflektiert das neue palästinensische Narrativ die Enttäuschung über den Friedensprozess. Als Ulk verfremden Palästinenser etwa ein arabisches Sprichwort und deuten an, ihre hohen Erwartungen wohl reduzieren zu müssen. Aus «Der Geruch eines Ehemannes ist besser als kein Ehemann», wie die Redewendung im Original heisst, wird nun aus aktuellem Anlass: «Der Geruch eines Staates ist besser als überhaupt kein Staat.» Die Witze aus jener Epoche enthalten oft Wortspiele, die den Friedensprozess mit zweideutigen Begriffen assoziieren. Zu einem Scherz fühlen sich die Cisjordanier beispielsweise dadurch animiert, dass der Name der Stadt «Jericho» auf Arabisch ähnlich klingt wie das Wort für «Geruch».
Die Palästinenser veralbern den Friedensprozess als unglaubwürdig und distanzieren sich von ihm. Das Abkommen halte nicht, was Arafat versprochen habe. Israel setze die unbefriedigenden Abmachungen nur langsam und widerwillig um. Arafat gebe sich mit dem merkwürdig anmutenden Konstrukt «Gaza-Jericho-Zuerst» zufrieden und akzeptiere ein Staatsgebiet, das lediglich aus ein paar Städten bestehe. (5)
Zwölf Monate nach Oslo führt die Frustration auch zu bissigen Witzen über Jassir Arafat. Einer der harmloseren Art karikiert

seine Vorliebe für theatralische Umarmungszenen. Neben der Ernüchterung über den Friedensprozess, der nicht vom Fleck kommen will, macht sich Enttäuschung über Arafats Regierungsstil breit. Er wird zunehmend als diktatorisch agierender Herrscher geschildert, der alles selber entscheide. Sogar der Allmächtige habe Angst vor Arafats Machtgier, erzählen sich die Palästinenser mit einem Augenzwinkern. Ein Teil der Witze unterstellt ihm zudem, realitätsfremd zu sein und sich masslos zu überschätzen. (6)

Kritische Witze über den Friedensprozess sind nicht nur bei der Opposition, sondern auch bei Arafat-Anhängern geschätzt. Sie sind sich der Mängel des Oslo-Abkommens bewusst und wissen, dass die Mehrheit der Palästinenser damit nicht glücklich ist. Indem Arafats Entourage die «Errungenschaften» ins Lächerliche zieht, lässt sie durchblicken, dass sie sich mit dem Oslo-Vertrag nicht hundertprozentig identifiziert. Zudem will sie der Opposition zuvorkommen, da eine ernste Diskussion über die neue Diplomatie vermieden werden soll.

Hamas-Anhänger, die den Friedensprozess von Anfang an abgelehnt haben, gehen in ihren Scherzen mit Arafat besonders bösartig um. Sie werfen ihm verklausuliert Verrat an der palästinensischen Sache vor. Arafat setze sich für die israelischen Interessen stärker ein als für diejenigen seines Volkes, unterstellt zum Beispiel ein bei Islamisten beliebter Witz. Andere schildern, wie sich die Palästinenser von den Israelis systematisch übervorteilen lassen. Sexuelle Anspielungen sind dabei besonders populär. (7)

Eine populäre Zielscheibe palästinensischer Witze ist Suha Arafat. Gerne lästern Palästinenser über ihre First Lady, wenn sie in Tat und Wahrheit Arafat meinen. Seine Ehe mit der um drei Jahrzehnte jüngeren Suha hielt er anfänglich geheim. Vor seiner Heirat hatte Arafat seinen Verzicht auf eine eheliche Bindung jeweils damit begründet, mit Palästina verheiratet zu sein. Die Einwilligung in den Oslo-Vertrag legt ihm der Volksmund nun augenzwinkernd als Treuebruch aus. (8)

Die Witze reflektieren nun auch Spannungen innerhalb der Gesellschaft. Arafat hat sich im Rahmen der Osloer Verträge verpflichtet, gegen radikale Hamas-Aktivisten vorzugehen. So gedeihen doppelbödige Wortspiele über das gespannte Verhältnis zwischen der Fatah-Organisation und der oppositionellen Hamas. (9)
Eine Kluft tut sich zudem zwischen denjenigen Palästinensern auf, die in der Intifada gekämpft haben, und den Zehntausenden, die nach dem Abschluss der Osloer Verträge aus dem Exil zurückgekehrt sind. Viele Heimkehrer, welche die Intifada-Jahre in Tunis oder in den USA verbracht haben, werden von der lokalen Bevölkerung scheel angesehen. Viele haben sich im Ausland an einen Lebensstil gewöhnt, der von der konservativen Bevölkerung Cisjordaniens und des Gazastreifens abgelehnt wird. Der Graben hat freilich auch eine ganz pragmatische Seite. Mit der Gründung der PA hoffen viele Intifada-Kämpfer auf eine einflussreiche Anstellung beim Staat, an dessen Gründung sie so massgeblich beteiligt gewesen sind. Sie aspirieren auf lukrative Arbeitsplätze in der Verwaltung oder bei der Polizei. Allein, sie müssen sich oft mit zweit- und drittrangigen Positionen abfinden. Die Top-Jobs gehen an die «Tunesier», also an diejenigen, die zusammen mit Arafat aus dem tunesischen Exil nach Palästina zurückkehren. Zahlreiche Witze reflektieren den Riss und die Entfremdung in der Gesellschaft. Den Rückkehrern wird vom Volksmund ein ausschweifender, liberaler Lebenswandel vorgehalten, der in starkem Kontrast zur eher strenggläubigen Bevölkerung Cisjordaniens und Gazas steht. (10)
Kritische Witze über den Friedensprozess erzählt man sich auch in säkularen Kreisen. Dabei werden zeitweise sogar gesellschaftliche Tabus gebrochen, wenn die Religion Zielscheibe des Spotts wird (Ende 1995 bis Anfang 1996). Vor allem in Studentenkreisen gilt es nun als schick, sich über die islamischen Traditionen lustig zu machen. Das Eindringen westlicher Werte wird dem traditionellen Verhalten gegenübergestellt. Junge Intellektuelle gebärden sich als skeptische Zyniker und geben despektierliche Geschichten über Märtyrerblut zum Besten. Was wäh-

rend der Intifada Halt geboten hat, nämlich der Glaube an den sinnvollen Kampf, wird nun ins Lächerliche gezogen. Nichts ist den Zynikern mehr heilig, nicht einmal der Prophet und seine Anhänger. Mit für gläubige Moslems an Gotteslästerung grenzenden Scherzen werden vorübergehend traditionelle Werte, aber auch die neue Ersatzkultur lächerlich gemacht, die aus dem Westen eindringt. Alles sei in Auflösung begriffen, implizieren diese Erzählungen. (11)

Die Beschäftigung mit dem Friedensprozess wird durch drei Ereignisse verdrängt: das Massaker des Siedlers Baruch Goldstein in Hebron, die Reihe von Selbstmordattentaten in israelischen Städten und die Ermordung des israelischen Regierungschefs Jitzchak Rabin durch einen fanatisch-religiösen Israeli.

Den Schrecken über das Blutbad des Siedlers Baruch Goldstein, der in der Abraham-Moschee 29 Menschen tötet, bevor er selber umgebracht wird, verarbeiten die Palästinenser in makabren Geschichten. Dabei nehmen sie die als einfältig und dickschädlig geltenden Leute von Hebron aufs Korn. Die palästinensischen «Schildbürger» sind einmal mehr Platzhalter für alles, das kritisiert werden soll. (12)

Auch die Serie von Selbstmordattentaten, mit denen im Frühling 1994 der militärische Zweig der Hamas das Blutbad von Hebron rächt, schlägt sich in mehreren Witzen nieder. Arafat und die Fatah haben sich nämlich zu jener Zeit dem Anti-Terrorismus-Kampf verschrieben und sind bemüht, den Schutz israelischer Bürger zu garantieren, indem sie gegen Extremisten vorgehen, die auch vor dem eigenen Tod nicht zurückschrecken. Regimetreue Palästinenser bringen in der Folge Anekdoten über die Attentate in Umlauf, um sich von ihnen zu distanzieren, ohne sie indes zu verurteilen. Die jungen Männer, die ausnahmslos aus der Stadt Hebron stammen, werden darin als ungeschickt und dumm geschildert. Die Wirkung der Selbstmordattentate wird verniedlicht, indem unterstellt wird, den Tätern misslinge jedes Vorhaben. Auffällig ist dabei der Unterschied zu den Intifada-

Heldengeschichten. Wurden während der Revolte Angriffe auf Israelis als Heldentat gefeiert, mokiert man sich nun über die Hilflosigkeit der Männer, die ihr Leben für die Nation opfern wollen. Ein grosser Teil der Bevölkerung identifiziert sich offenbar nicht mit den Taten der Selbstmordaktivisten, weil sie gegen das nationale Interesse verstossen und als «politisch nicht korrekt» gelten. (13)

Die Attentatsserie hat für die Palästinenser negative wirtschaftliche Folgen. Aus Angst vor weiteren Anschlägen sperrt die israelische Regierung palästinensische Arbeiter aus, die jünger als 30 oder 40 Jahre alt sind; nur wenige Männer dürfen noch in Israel arbeiten. Zehntausende Palästinenser verlieren ihre Anstellung und damit ihr Einkommen. Die Arbeitslosigkeit liegt in manchen Städten bei 50 Prozent, die Armut steigt. Die Kluft zwischen den ursprünglichen Friedenserwartungen und der Realität wird noch grösser. Auch die internationalen Hilfsprogramme für Gaza hätten versagt, warnt Ende November 1994 ein hoher UN-Beamter; die Situation in Gaza sei explosiver als vor der Unterzeichnung der Prinzipienerklärung.

Die Geschichten enthalten nun erneut einen zynischen Unterton. Insgesamt, höhnen Palästinenser, gehe es ihnen nun schlechter als vor dem Beginn des Friedensprozesses. Die Aussöhnung mit Israel sei ein Jux. (14)

Auch der Mord am israelischen Regierungschef Jitzchak Rabin, der im November 1996 nach einer Demonstration für den Frieden mitten in Tel Aviv von einem israelischen Fanatiker ermordet wird, beschäftigt die Palästinenser und animiert sie zu (makabren) Scherzen. Die Bevölkerung der Westbank und des Gazastreifens hat gegenüber Rabin gemischte Gefühle. Die einen sehen ihn als Visionär, der mit den arabischen Nachbarn Frieden schliessen wollte. Andere haben ihn hingegen als Verteidigungsminister in Erinnerung, der gegen die Intifada vorging und die Soldaten anwies, die Knochen der Palästinenser zu brechen. Ein Gesuch Arafats, der Beerdigung Rabins beiwohnen zu dürfen, lehnen die Israelis zwar ab. Er darf aber danach der Witwe

Rabins in Tel Aviv einen Kondolenzbesuch abstatten – eine Visite, die von vielen Palästinensern kritisiert wird.

In Witzen über Rabins Mord überwiegen negative Rabin-Bilder. Ein Erdbeben von der Stärke 6,6 auf der Richterskala, das in Israel kurz nach dem Mord deutlich zu spüren ist, führt beispielsweise zu einer bitterbösen Erklärung für das zeitliche Zusammenfallen der beiden Ereignisse. Andere Witze erklären die Weigerung der Israelis, Arafat die Reise an Rabins Beerdigung zu bewilligen, mit der katastrophalen Wirtschaftslage in den palästinensischen Gebieten. (15)

Fast drei Jahre nach «Oslo» gewinnt Likudchef Benjamin Netanjahu mit dem Schlagwort «Ein sicherer Frieden» die Wahlen. Er übergibt zwar einen Teil der palästinensischen Stadt Hebron an die Palästinensische Autonomiebehörde. Danach aber läuft im Friedensprozess für lange Zeit nichts mehr. Witze versiegen. Die Palästinenser scheinen nichts mehr zu hoffen und nichts mehr zu lachen zu haben.

1. Die palästinensischen Delegierten in Madrid

Nach einem langen Verhandlungstag in Madrid verlassen alle Delegierten den Saal. Nur der palästinensische Abgeordnete bleibt sitzen. Er ist eingeschlafen. Wie ihn eine Putzfrau wachrüttelt, blickt er sie müde an. Zunächst weiss er nicht, was sie von ihm will. Weil er sich mitten in einer Sitzung glaubt, sagt er dann aber wie gewohnt:
«Ja, ich bin mit allem einverstanden!»

Einem populären Politiker in der Westbank wird offiziell mitgeteilt:
«Herzliche Gratulation! Arafat hat dich zum Mitglied der Delegation in Madrid ernannt.»
Worauf der Mann erwidert:
«Es ist mir eine Ehre. Doch sagt mir eines: Bin ich Mitglied der israelischen oder der palästinensischen Delegation?»

Ein Delegierter aus Hebron näht vor der Sitzung eine palästinensische Fahne auf seinen Sakko. Die Israelis fühlen sich provoziert und drohen mit ihrer Abreise. Nach langen und schwierigen Diskussionen einigt man sich auf einen Kompromiss: Der Major aus Hebron nimmt ohne Jacke an der Konferenz teil.

Arafat fährt mit den Palästinenserführern George Habash von der «Popular Front for the Liberation of Palestine» (PFLP) und Nayef Hawatmeh von der «Democratic Front for the Liberation of Palestine» (DFLP) auf einer Landstrasse. Plötzlich versperrt ihnen ein Esel den Weg. Hawatmeh schlägt das Tier mit der flachen Hand, und Habash versucht es mit Fusstritten. Doch der Esel rührt sich nicht vom Fleck. Erst als Arafat aussteigt und dem Esel etwas ins Ohr flüstert, springt das störrische Tier davon.
«Wie hast du das geschafft?», wollen Habash und Hawatmeh wissen.
«Ich habe ihm gedroht.»

«Womit?»
«Ich habe ihm gedroht, ihn zur Konferenz nach Madrid zu schicken, falls er uns nicht sofort den Weg freigibt.»

2. Unter amerikanischem Diktat

Die Konferenz wurde unterbrochen, weil James Baker zur Beerdigung seiner Mutter fliegen muss. Als ob ein Palästinenser gestorben wäre, sitzen unsere Delegierten drei Tage lang in einem Trauerzelt: die Männer bei den Husseinis, die Frauen bei den Aschrawis.

3. Der geschickte Taktiker Arafat

König Hussein und Jassir Arafat sind beim saudi-arabischen König Fahed zu Besuch. Die beiden Gäste stecken heimlich goldene Löffel in ihre Taschen. Doch plötzlich sagt Arafat zum Gastgeber:
«Ich kann zaubern. Ein Löffel, der in meiner Tasche steckt, kann ich zu König Hussein schicken.»
Hussein muss den geklauten Löffel herausrücken. Arafat aber kann seine Beute behalten.

Arafat stirbt und tritt vor Gott. Allah soll entscheiden, ob der Palästinenserführer in die Hölle oder ins Paradies komme. Gott ist unschlüssig. Nicht einmal er weiss, ob Arafat ein guter oder ein schlechter Mensch ist. Weil er in Ruhe überlegen will, fordert er Arafat auf, im Büro zu warten. Dort unterhält sich Arafat mit den Engeln.
Wie Gott zurückkommt, sieht er zu seinem Erstaunen, dass Arafat die Engel bereits für sich gewonnen hat. Sie tragen ihn auf Händen und skandieren den patriotischen Vers:
«Oh Arafat, wir sind bereit, unser Blut und unsere Seele für dich zu opfern.»

4. Erste Enttäuschungen über den Rais

Wieviel versteht Arafat von der Politik?
So viel wie er Englisch kann.

Arafat findet in Jericho eine Wunderlampe und darf sich etwas wünschen. Israel solle unverzüglich die ganze Westbank räumen, sagt er dem Dschinn[12]. Das sei schwierig, meint der Geist. Ob er denn nicht einen etwas einfacheren Wunsch habe?
Er möchte Jerusalem als Hauptstadt seines Staates, sagt Arafat. Wiederum muss der Dschinn passen. Ob er ihm denn nicht einen anderen Wunsch erfüllen könne?
Arafat überlegt und sagt:
«Ich möchte, dass meine Frau Suha ein Kind kriegt.»
Da erschrickt der Geist und sagt:
«O. k., dann versuchen wir es doch lieber mit Jerusalem.»

Der deutsche Helmut Kohl, der Brite John Major und der Palästinenser Jassir Arafat dürfen sich von Gott etwas wünschen. Major möchte wieder gewählt werden. Kohl fordert für sein Land einen Konjunkturboom. Beiden verspricht Gott, er werde ihre Anliegen noch zu ihren Lebzeiten realisieren.
Auch Arafat darf einen Wunsch vorbringen. Er begehrt einen richtigen Staat für sein Volk. Ihm aber kann Gott nicht helfen:
«Das wird nicht einmal während meines Lebens möglich sein.»[13]

Nach dem Handschlag in Washington wird Arafat auf der Westbank erwartet. Feisal Husseini bereitet die Festlichkeiten vor. Er weist die Ehrengarden an, 21 Salutschüsse abzufeuern, sobald Arafat erscheint. Fragt einer der Polizisten aus Hebron:
«Was soll ich mit den übrigen 20 Kugeln tun, wenn Arafat bereits von der ersten Kugel getroffen wird?»

---

12 Geist; siehe Glossar.
13 Bezeichnenderweise zirkulieren während des Friedensprozesses wieder Witze, die schon zu Zeiten der Intifada erzählt wurden.

Scheich Jassin soll Arafat einen Traum deuten.
Arafat: «Ich trug ein weisses Kleid und sass auf einem weissen Pferd.»
Scheich Jassin: «Deine weissen Kleider bedeuten, dass du ein guter Mensch bist. Das weisse Pferd ist deshalb ein angemessenes Transportmittel für dich.»
Arafat: «Dann kam ich in eine grüne, wunderbare Gegend, wo ein Haufen Esel auf mich warteten.»
Scheich Jassin: «Klar, die herrliche Gegend ist Palästina.»
Arafat: «Und die Esel?»
Scheich Jassin: «Bei den Eseln, die auf dich warten, handelt es sich um das palästinensische Volk.»

5. Oslo bringt nichts

Wisst ihr, weshalb unseren Politikerinnen der Sinn so sehr nach Frieden steht?
Ist doch klar: Sie haben nicht nur die Tauben gern.[14]

Ursprünglich wollte Rabin bloss Gaza abtreten, nicht aber Jericho. Doch die arabischen Wörter «Ariha» (Jericho) und «Ri:Ha» (Parfüm/Geruch) klingen sehr ähnlich. Als Arafat hörte, er werde Gaza erhalten, wurde er vor Freude ohnmächtig. Entsetzt schrie ein Gehilfe:
«Schnell, bringt Ri:Ha!, unser Rais ist ohnmächtig geworden.»
Doch die Israelis, die nicht «Ri:Ha», sondern «Ariha» verstanden, versprachen ihm:
«O. k., geht in Ordnung, Jericho kannst du auch haben.»

In Jericho wird eine moderne Autofabrik gebaut. Die Fahrzeuge mit dem Label «Made in Palestine» weisen jedoch eine Besonderheit auf. Sie haben lediglich zwei Gänge.

14 Das arabische Wort für Taube («Hamameh»), das Symbol des Friedens, bedeutet im Slang auch Penis.

«Warum?», wundert sich ein europäischer Manager, der beim Aufbau der Fabrik hilft.
«Mehr brauchen wir nicht. Im zweiten Gang sind wir bereits ausserhalb des Landes.»¹⁵

Weshalb strecken Beamte in Jericho nie ihre Arme aus?
Weil sie Angst haben, dabei unerlaubterweise über die Grenze zu langen.

Weshalb dauerte die Schwangerschaft von Suha Arafat länger als neun Monate?
Israel bewacht an den Kontrollposten alle Ausgangspunkte.

6. *Arafat, der Selbstherrliche*

Amerikanische Unterhändler bereiten ein Gipfeltreffen zwischen Rabin und Arafat vor. Arafat akzeptiert fast alle Vorbedingungen Rabins: Er ist bereit, auf eine Diskussion über den künftigen Status von Jerusalem und über die Siedlungspolitik der Israelis zu verzichten. Nur eine Vorbedingung will Arafat nicht annehmen. Rabin besteht darauf, bei der Begrüssung Umarmungsszenen und Küsse zu unterlassen. Bei dieser Frage aber will Arafat nicht nachgeben:
«Diese Bedingung ist nun wirklich prohibitiv!»

Clinton, Rabin und Arafat erhalten eine Audienz beim Allmächtigen. Um Clinton und Rabin zu begrüssen, steht Gott höflich auf. Wie er aber Arafat willkommen heissen soll, bleibt Gott sitzen. Nach der Audienz – die drei Gäste sind längst wieder weg – erkundigt sich ein Engel bei Gott, weshalb er nur bei Clinton und Rabin, nicht aber bei Arafat aufgestanden sei.

15 Ein ähnlicher Witz ist aus Ägypten nach dem Sechs-Tage-Krieg bekannt: Weshalb haben ägyptische Panzer vier Rückwärtsgänge und nur einen Vorwärtsgang? – Für den Fall, dass sie von hinten angegriffen werden.

Allah erklärt: «Ich hatte Angst, Arafat würde mir den Platz wegnehmen.»

Ein muslimischer Politiker trifft im Himmel ein. Allah entscheidet, dass er bestraft werden soll. Weil der Mann aber so viel Gutes für den Frieden getan hat, darf er seinen Denkzettel selber auslesen. Er wird in der Hölle herumgeführt, wo die Leute ihren Sünden gemäss bestraft werden. An einem Ort werden Leute ausgepeitscht, an einem anderen schmachten sie in siedend heissem Öl. Schliesslich gelangt er in einen Raum, in dem Arafat Madonna küsst. «Das ist die Strafe, die ich mir wünsche», sagt der Politiker spontan.
«Tut mir leid», erwidert Gott, «das geht nicht. Mit dem Kuss wird nicht Arafat bestraft, sondern Madonna.»

Arafat sitzt im Garten des Weissen Hauses und raucht genüsslich eine Zigarette. Plötzlich hört er eine Stimme, die ihm zweimal laut zuruft:
«Lies...!»
Arafat, der den Koran kennt, glaubt, zum Propheten auserkoren worden zu sein. Deshalb erwidert er jedes Mal:
«Ich kann nicht lesen.»[16]
Doch die Stimme mahnt ein drittes Mal:
«Lies endlich den geheimen Anhang im Oslo-Vertrag.»

In einer Variation des Witzes heisst es:
«Lies, was da steht: ‹Rauchen verboten!›»

---

16 Laut Tradition hörte Mohammed beim ersten Kontakt mit dem Erzengel Gabriel dreimal: «Lies! Denn dein Herr ist der Allgütige.» Mohammed antwortete jedes Mal: «Ich kann nicht lesen.» Bei dieser Begegnung wusste Mohammed noch nicht, dass er der Auserwählte war. – Vergleiche mit Arafats Verhalten liegen für palästinensische Witzerzähler auf der Hand.

7. Palästina wird verkauft

Weshalb trägt Arafat immer eine Keffiya?
Damit keiner sieht, dass er eine Kippa[17] trägt.

Suha, Arafats Ehefrau, nahm an der Zeremonie der Unterzeichnung des Oslo-Vertrages vor dem Weissen Haus in Washington nicht teil. Wollte ein Journalist von ihr wissen:
«Weshalb haben Sie nicht an der Feier teilgenommen?»
«Ich hatte Angst, Arafat würde mich verkaufen, so wie er Palästina verkauft hat.»

Ein israelischer und ein palästinensischer Politiker werden nach den schwierigen Verhandlungen von den Amerikanern belohnt: Sie dürfen zu einem Callgirl.
Zuerst ist der Palästinenser an der Reihe.
«Wie war's?», erkundigt sich der Israeli nach dem Besuch.
Meint der Palästinenser:
«Es war o. k. Aber meine Frau ist besser.»
Darauf geht der Israeli zur Prostituierten. Wie er zurückkommt, meint er:
«Du hattest recht, deine Frau ist tatsächlich besser.»

8. Suha-Witze

Nachdem Arafat geheiratet hatte, wollte man von ihm wissen:
«Du warst bisher mit Palästina verheiratet. Weshalb hast du dich nun von Palästina scheiden lassen?»
Seine Antwort:
«Weil Suha keine zweite Frau neben sich toleriert.»

---

17 Traditionelle jüdische Kopfbedeckung.

Wie Arafat nach Washington fuhr, um den Oslo-Vertrag zu unterschreiben, wollte sich Suha einem Schwangerschaftstest unterziehen. Wundert sich der Arzt:
«Wozu brauchst du diesen Test? Soll Arafat, der seinem Land nichts gebracht hat, es ausgerechnet bei dir schaffen?»

9. Interne Konflikte

Wie kommt es, dass bei der Hamas Hochzeitsfeiern plötzlich verpönt sind?
Weil es in dieser Nacht viel «Fatah» gibt.[18]

Weshalb bleiben Fatah-Leute neuerdings dem Fussballspiel fern?
Weil es dort viel «Hamas» gibt.[19]

10. Die Heimkehrer

Eine Palästinenserin, die aus dem Exil zurückgekehrt ist, geht mit ihrem Sohn an den Strand von Gaza. Ihr Bikini lässt wenig Raum für Phantasie. Ein Palästinenser möchte mit ihr anbändeln und macht auf sich aufmerksam, indem er mehrere Male auf und ab geht. Dabei wird sein Glied jedes Mal grösser.
«Was ist das, Mami?», will der Sohn wissen.
«Das ist das Portemonnaie des Mannes», weicht die Mutter etwas verschämt aus.
Fragt der Sohn:
«Weshalb, Mami, wird das Portemonnaie jedes Mal grösser, wenn der Mann an uns vorbeigeht?»

18 «Fatah» ist nicht nur das Akronym für die Palästinensische Nationale Befreiungsbewegung, sondern bedeutet gleichzeitig auch «öffnen» oder «entjungfern». Siehe Glossar.
19 «Hamas», das Akronym für die wichtigste islamische Organisation, bedeutet auch «Eifer» und «Enthusiasmus». Siehe Glossar.

Ein Heimkehrer erzählt:
Ein ehemaliger Intifada-Kämpfer heiratet, doch muss er gleich nach der Hochzeit wegrennen, weil er von den Israelis gesucht wird. Wie die Luft rein ist, kehrt er so erschöpft zurück, dass er es nicht schafft, mit seiner Frau zu schlafen.
«Versteh mich doch», entschuldigt sich der Mann, «ich bin ein Intifada-Mann.»
«Richtig», meint die Frau spitz, «inte fadi, Mann, du bist wirklich leer.»[20]

11. Kein Respekt vor der Tradition

Als Gott die Frauen auf die drei Propheten aufteilte, hatte Moses als der Älteste den Vortritt und wählte sich die schönsten Frauen aus. Auch Jesus konnte sich noch eine hübsche Gefolgschaft auslesen. Mohammed aber, der als letzter dran kam, musste sich mit den hässlichen Frauen begnügen, die übrig geblieben waren. Kurz entschlossen befahl er ihnen:
«Folgt mir! Aber bedeckt gefälligst euer Gesicht.»

Ein Märtyrer – sein Blut lässt sich laut Volksglauben nicht abwaschen – hat ein Hemd hinterlassen. Seine Mutter versucht nun, es vom Blut zu säubern. Doch das Blut bleibt. Da hat sie des Nachts einen Traum, in dem ihr ein Scheich erscheint:
«Du versuchst, das Blut deines Sohnes vom Hemd wegzuwaschen?»
Wie sie diese Frage bejaht, fährt er fort:
«Aber das Blut bleibt. Und weisst du warum?»
Weil ihr Sohn ein Märtyrer sei, will die Mutter eigentlich sagen, doch der Scheich fällt ihr ins Wort:
«Du verwendest kein Persil.»[21]

20 «Inte» heisst «du», und «fadi» bedeutet so viel wie «leer».
21 In der Originalversion wird der bei Palästinensern populäre Markenname «Snow» (Schnee) verwendet.

Abu Bakr, der Kalif, stirbt. Die Gläubigen sind sich sicher, dass der Schüler Mohammeds in den Himmel und nicht in die Hölle kommt. Doch das Unerwartete tritt ein: Abu Bakr kommt in die Hölle.
«Gehe zu Allah und sage ihm, dass da ein Fehler passiert ist», weist er einen Engel an.
Der Engel kommt zurück und bestätigt den Entscheid Allahs. Abu Bakr dürfe nicht ins Paradies. Er widersetzt sich dem Urteil und sagt, er stehe dem Propheten am nächsten. Doch vergeblich. Er wird in Richtung Hölle geschleppt.
Da erscheint plötzlich Mohammed persönlich und sagt:
«Bitte lächeln. Wir spielen versteckte Kamera!»

Ein Scheich lehrt am Grabe eines Verstorbenen, welche Fragen vor Allah zu beantworten sind. Zum Beispiel:
Wer ist Gott?
Die richtige Antwort lautet: Allah.
Wer ist der grösste Prophet?
Die korrekte Antwort lautet: Mohammed.
Und welches ist die wahre Religion?
Die einzig gültige Antwort lautet: Der Islam.
Wie nun Engel den Verstorbenen abholen, leiert der Verstorbene die Antworten mechanisch herunter:
«Der einzige Gott ist Allah, der grösste Prophet Mohammed und die einzig wahre Religion der Islam.»
«Falsch», sagt ihm der prüfende Engel schnippisch, «wir haben die Reihenfolge der Fragen geändert.»

«Oh grosser Prophet Mohammed», richtet sich ein Schüler an Mohammed, «was soll ich trinken, wenn ich Durst habe?» Der Prophet denkt nach, richtet seinen Blick auf den Fragenden und sagt werbewirksam:
«Trink Coca Cola, trink Coca Cola, trink Coca Cola.»[22]

---

22 Wenn der Prophet etwas besonders betonen wollte, wiederholte er es dreimal – so wie, nebenbei gesagt, es auch Arafat zu tun pflegt.

12. Das Hebron-Massaker

Nach dem Massaker wurde den Familien der Opfer eine finanzielle Entschädigung in Aussicht gestellt. Meint ein Vater zu seinem Sohn vorwurfsvoll:
«Sag mal, wir sind doch Moslems? Weshalb warst du am Freitag (dem Tag des Massakers) nicht in der Moschee?»

Habt ihr gehört, wie Goldstein in Hebron gestorben ist?
Eine Kugel prallte vom Kopf eines Angeschossenen zurück und traf ihn tödlich.

Weshalb kamen beim Massaker bloss 29 Menschen um, obwohl doch 700 Menschen in der Moschee waren?
Weil Goldstein auf unsere Köpfe zielte. Die Kugeln konnten unseren dicken Schädeln nichts anhaben.

Weshalb gab es in der Abraham-Moschee so viele Tote?
Weil die Leute von Hebron zunächst den Toten halfen und die Verwundeten liegen liessen.

Beim Massaker des Siedlers Goldstein versteckte sich ein Moslem hinter einer Säule. Als er sah, dass alle Gläubigen tot waren, trat er aus seinem Versteck hervor und rief dem Mörder zu:
«Vorsicht Kamera!»

13. Selbstmordattentate

Nach dem Selbstmordattentat an der Jerusalemer Jaffa-Strasse macht sich ein Palästinenser aus Hebron zwischen den herumliegenden Leichen am Wrack des ausgebrannten Autobus zu schaffen. Was er da suche, will ein Polizist von ihm wissen.
«Ich gab dem Fahrer zehn Schekel und erhielt kein Wechselgeld. Das suche ich jetzt.»

Ein Hamas-Mann aus Hebron geht nach Tel Aviv, um in einem Restaurant einen Selbstmordanschlag gegen Israelis durchzuführen. Nach seiner Ankunft setzt er sich mit dem Hauptquartier der Hamas in Verbindung.
«Ich bin nun angekommen», rapportiert er, «und es sind fünf Leute hier.»
Er solle warten, bis es mehr seien, wird ihm befohlen. Wenige Minuten später meldet er sich wieder:
«Nun sind es bereits acht.»
Er solle weiter warten.
Die Geduld lohnt sich: Wenig später füllt sich das Restaurant, und eifrig erkundigt sich der Palästinenser bei der Zentrale, ob er jetzt zur Tat schreiten solle.
«Ja, los!», wird ihm aufgetragen.
Worauf der Mann ein Messer nimmt und sich umbringt.

Zwei Männer sind unterwegs zum Tatort, wo sie ein Attentat durchführen sollen. Der eine trägt eine Sporttasche mit zwei Bomben.
«Pass auf, dass die Bombe nicht zu früh explodiert», warnt der eine.
Entgegnet der zweite:
«Macht nichts, ich habe eine zweite bei mir.»

14. Verschlechterung der Lebensqualität

Während der Intifada gehörte es zu unseren innigsten Wünschen, Allah möge unsere Situation verbessern. Erst jetzt, nach der Ankunft der palästinensischen Regierung, realisieren wir: Allah hat damals all unsere Gebete erhört.

Clintons Hund langweilt sich im Weissen Haus. Deshalb schickt ihn sein Herr nach Europa. Er solle sich zunächst in Wien vergnügen, empfiehlt ihm Clinton.

Doch nach wenigen Stunden schon meldet sich der Vierbeiner bei seinem Herrn: Wien sei nicht interessant.
Der amerikanische Präsident schickt seinen Liebling nach Paris. Dort werde es ihm sicher gefallen.
Allein, auch in Paris fühlt sich Buddy nicht wohl. Er langweile sich schrecklich, rapportiert er nach Washington.
Schliesslich schickt Clinton den Hund nach Gaza.
Viele Tage vergehen, ohne dass sich Buddy meldet. Da ruft Clinton besorgt seinen Hund in Gaza an. Buddy ist zufrieden:
«Hier gefällt es mir.»
«Und weshalb?»
«In Gaza bin ich unter meinesgleichen. Alle führen hier ein Hundeleben.»

15. Rabin-Mord

Weshalb bebte nach Rabins Tod die Erde?
Weil sie sich weigerte, seinen Leichnam aufzunehmen.

Nach der Ermordung des israelischen Premierministers Jitzchak Rabin beantragt Arafat eine Bewilligung, um nach Israel reisen zu können. Er will an der Beerdigung seines Verhandlungspartners teilnehmen. Doch die Israelis geben ihm keinen Passierschein. Weshalb? Sie befürchten, er werde bei dieser Gelegenheit einen Job in Israel suchen.

4. Arafat baut seinen Staat auf

«Wo ist der Frieden? Wo ist die Freiheit? Wo ist die Demokratie?»: Ernüchterung nach der Euphorie

Weil das Funktionieren der Palästinensischen Autonomiebehörde viel zu wünschen übrig lässt, aber nicht offen kritisiert werden darf, gedeihen kritische Witze über die Verwaltung, korrupte Minister und Arafat.

Am 13. Mai 1994 zieht ein Vortrupp Jassir Arafats in der Oasenstadt Jericho und im Gazastreifen ein. Sechs Wochen später betritt Arafat erstmals autonomes Gebiet. Von Ägypten her kommend, feiert er einen triumphalen Einmarsch in Gaza. Er baut die «Palästinensische Autonomiebehörde» (PA) auf, die in den autonomen Gebieten für zivile Angelegenheiten zuständig ist. Dazu gehören vor allem Erziehung, Kultur, Gesundheit, direkte Steuern, Tourismus und soziale Wohlfahrt. Zudem macht sich Arafat daran, eine bewaffnete Polizeitruppe aufzustellen. So legt er als Chef der PA die Grundlagen des Staates Palästina, der am 4. Mai 1999 ausgerufen werden soll.

Die Bevölkerung steht der PA vorerst positiv gegenüber. Sie begrüsst stolz die ersten Symbole des werdenden Staates: die Polizisten in ihren blauen Uniformen, die neuen Ministerien und die palästinensischen Flaggen auf den Strassen. Dass das Land nach fast drei Jahrzehnten Besatzung heruntergewirtschaftet ist, akzeptieren die Palästinenser als Entschuldigung für die mangelhaften Dienstleistungen des jungen Regimes. Eigentlich könne es jetzt nur besser werden, trösten sich die Leute über die prekäre Lage ihres Gebietes hinweg. (1)

Doch die ökonomische Situation, Friedensprozess hin oder her, verschlechtert sich zusehends, und das Sozialprodukt im Gazastreifen und in Cisjordanien sinkt bis Ende der neunziger Jahre um einen Drittel. Weil die israelische Regierung aus Sorge um das

Leben ihrer Bürger die palästinensische Bevölkerung immer wieder «vorsorglich» in ihren Städten und Dörfern einsperrt, verlieren Zehntausende von Palästinensern ihren Job in Israel und bleiben arbeitslos. Die Hilfe aus dem Ausland fällt zudem kleiner als versprochen aus. Die um sich greifende Not benutzen islamische Institutionen, um ihren Einfluss zu erhöhen. Sie verdichten ihr soziales Netz, das von der Kinderkrippe bis zur medizinischen Versorgung der Alten reicht. Die PA kreiert zwar Tausende von Stellen, um auf diese Weise die Zahl der Arbeitslosen zu reduzieren. 60 000 Palästinenser werden in der Verwaltung beschäftigt, oft allerdings zu miesen Löhnen. Insgesamt bezieht jeder vierte arbeitsfähige Palästinenser seinen Zahltag von der PA. Das stärkt zwar Arafats interne Stellung, trägt aber nichts zur Effizienz der Bürokratie bei.

Die geduldige Nachsicht findet ein Ende. Im Zentrum palästinensischer Witze und Anekdoten stehen nun die unfähige und überforderte palästinensische Bürokratie, die allgegenwärtigen und allmächtigen Geheimdienste sowie die Person Arafat. Ganz pragmatisch wundert sich der Volksmund: «Was nützt uns die PA?» Die aufgeblasene Verwaltung animiert den Volksmund zu etlichen Witzen über den Leerlauf der Bürokratie. Sie sei nutzlos und überfordert, und ihr mediokres Abschneiden gilt als schlechtes Omen für die Zukunft. Eine Anstellung bei der Autonomiebehörde setze als einzige Qualifikation Dummheit voraus, heisst es etwa. Sobald die PA ihre Hand im Spiel hat, seien mangelnde Effizienz und Unvernunft die unausweichliche Folge. Sogar die mit öffentlichen Mitteln finanzierte akademische Forschung wird in einer Anekdote zum Objekt der Lächerlichkeit. Ihre Verachtung über die Funktionsweise der PA fassen die Palästinenser im Bonmot zusammen: «Nichts klappt in unserer Verwaltung besser als das Verdauungssystem und das Sexualleben der Beamten.» Damit wird den höheren Beamten vor allem ein ausschweifender Lebenswandel unterstellt, aber auch darauf angespielt, dass sich Beamtinnen über sexuelle Belästigungen am Arbeitsplatz beklagen. Obendrein gelte die Regel: Je höher einer in der Hierarchie steige, desto weniger Qualifikationen benötige er. (2)

Ganz besonders schlecht weg kommen, stellvertretend für die Beamtenschaft, die Polizisten. Sie seien dumm und nutzlos, heisst es in den Erzählungen. (3)

Die Witze stellen nicht nur die Schwächen der jungen (und überforderten) Verwaltung bloss. Sie haben auch eine politische und pädagogische Funktion. Sie sollen den Druck für Reformen erhöhen, auf dass der im Aufbau befindliche Staat besser werde. Die interne Debatte über die mangelhaften Leistungen der PA unterstützt indessen auch diejenigen, die der Interimslösung von Anfang an skeptisch gegenüber standen oder sie gar ablehnten, weil sie die Vereinbarungen mit den Israelis für entwürdigend halten. Die Kritik äussert sich in boshaften Geschichten. In der Wahrnehmung vieler Palästinenser bestehe beispielsweise kein Unterschied zwischen dem Verhalten palästinensischer Polizisten und israelischer Besatzungssoldaten. Vor beiden müsse man sich in Acht nehmen. Jede Autorität sei letztlich von Israel abhängig, und deshalb könne es durchaus vorkommen, dass man palästinensische Polizisten und israelische Soldaten miteinander verwechsle.

Anders als während der ersten Intifada schildern sich die Palästinenser nun als Anti-Helden, die eigentlich kein besseres Schicksal verdienen. Die Bürger von Hebron, über die Witze zirkulieren, stehen sinnbildlich für alle Schwächen und Fehler, die sich die Palästinenser vorwerfen. Sie seien so einfältig, heisst es etwa, dass sie selbst beim Verteilen von Krankheiten geduldig anstehen würden, um ihren Teil abzubekommen. (4)

Der 20. Januar 1996 ist für die Palästinenser ein weiterer grosser Tag: Erstmals in ihrer Geschichte dürfen sie ein eigenes Parlament bestimmen und einen Präsidenten wählen. Auch die Einführung demokratischer Strukturen liefert viel Stoff für süffige Geschichten. In der Tat kann nicht einmal die Präsenz internationaler Beobachter eine faire Wahl garantieren. Arafat schanzt sich und seiner Partei durch eine geschickte Definition der Wahlkreise möglichst viel Einfluss zu. Seine politischen Widersacher, Oslo-Gegner und Islamisten, erhalten von den offiziellen palästinensischen Radio- und Fernsehsendern keine Sendezeit. Die islamische Opposition, die Hamas und der Islamische Dschihad, boykottiert die Wahlen schliesslich, da sie das Oslo-Abkommen ablehnt.

Der Andrang am Wahltag ist weniger gross als erwartet: Drei von vier wahlberechtigten Palästinensern bemühen sich auf der Westbank in die Wahllokale. So steht der Erfolg der PLO im voraus fest. Ein anderes Resultat würde von Israel auch nicht geduldet. Arafat dominiert die Wahlen derart eindeutig, dass ihm ein neu gewählter Abgeordneter mit einem Handkuss den Einzug ins Parlament verdankt haben soll. Weil Arafat die Kandidaten sorgfältig ausgesucht hat, kann seine Hausmacht, die Fatah-Partei, 50 der 88 Sitze ergattern. Politischen Widerstand hat er auch von den übrigen 38 Konkurrenten nicht zu befürchten, da sie in der Regel aufgrund ihrer Clanzugehörigkeit ins Parlament gewählt werden.

Alle Fäden laufen bei der Wahlvorbereitung bei Arafat zusammen, argwöhnt der Volksmund deshalb. Neben Arafat kandidiert nur eine Gegenkandidatin fürs Präsidium: die Sozialreformerin Samiha Khalil aus El Bire, einem Vorort Ramallahs. Böse Zungen behaupten gar, Arafat habe die Kandidatur von Frau Khalil finanziell unterstützt, um das Funktionieren der palästinensischen Demokratie zu beweisen. Die Gegenkandidatin erhält bloss rund zehn Prozent der Stimmen. Die ungleiche Zweierkandidatur animiert die Palästinenser zu Witzen, welche die Wahlen als abgekartetes Spiel abtun: Arafat nehme es mit der Demokratie eben nicht so genau. Er könne Propaganda und Information nicht auseinanderhalten. (5)

Besonders beliebt sind Witze über die neu geschaffenen Geheimdienste, die im Regime einen zentralen Platz einnehmen und bald für ihre Spitzelarbeit, aber auch für ihr rücksichtsloses und herrisches Durchgreifen berüchtigt sind. Es gibt nur wenig Länder, die pro Kopf der Bevölkerung mehr Polizisten und

Geheimdienstler auf der Lohnliste haben als die Palästinenser. Mindestens 14 Sicherheitsdienste werden gezählt, die insgesamt über 40 000 Ordnungshüter beschäftigen. Für einen angemessenen Bakschisch sehen sie allerdings auch schon mal weg und lassen Geld für Recht ergehen. Die Sicherheitsdienste gehen vor allem gegen die islamische Opposition vor – oft auf Wunsch der Israelis, oder, wie andere sagen: auf Anweisung der Israelis.

Eigenmächtig und ohne Rücksicht auf demokratische Regeln macht sich Arafat nach den Wahlen daran, die politischen Institutionen in den Autonomiegebieten aufzubauen. Er sichert seine Macht unter einem demokratischen Deckmantel, gegen den sich aber bald Widerstand regt.

Die Legislative, die das Verhalten von Beamten und Ministern der PA überprüft, stellt in einem Bericht 1997 fest, dass Misswirtschaft und Korruption weit verbreitet sind. Mehr als die Hälfte der Palästinenser halten die PA für durch und durch korrupt, wie eine Meinungsumfrage ergibt. Die Publikation des parlamentarischen Berichts hat kaum Konsequenzen. Nur ein Arbeitsminister tritt aus Protest gegen den Schlendrian zurück.

Ende 1999 werden Akademiker und Mitglieder des «Palestinian Legislative Council» (PLC) vorübergehend arretiert, weil sie es gewagt haben, dem Regime Tyrannei, Korruption und politische Täuschungsmanöver vorzuwerfen. Dass sie damit die Gefühle vieler Palästinenser ausdrücken, lässt sich an zahlreichen Witzen über die Angst vor der allgegenwärtigen Überwachung ablesen. Doch mögen der Geheimdienst und die Polizisten mächtig sein – intelligent sind sie nicht, beruhigen sich die Palästinenser in zahlreichen Witzvarianten. (6)

Die Furcht vor dem Regime hat in der Tat eine reale Basis: Menschenrechtler wie Eyad El Sarraj aus Gaza werden gefangen genommen und gefoltert, wenn sie es wagen, Arafat öffentlich zu kritisieren. Witze sind somit auch ein Ventil, um sich die Angst vor der Allmacht der Geheimdienste zu nehmen.

Oft werden Offiziere als Aussenseiter der Gesellschaft dargestellt: «Sie sind nicht Teil von uns», wollen die Anekdoten sagen.

Die hochrangigen Militärs werden mehrfach mit Pädophilie oder Homosexualität in Zusammenhang gebracht. Dankbar greift der Volksmund dabei reale Vorfälle auf: Im März 1999 wird beispielsweise ein palästinensischer Polizeioffizier zum Tod verurteilt, weil er angeblich einen jungen Mann vergewaltigt habe. Er hätte damit die «Ehre der palästinensischen Revolution besudelt und die Öffentlichkeit gegen sie aufgestachelt», heisst es im Urteil des Militärgerichtshofes. Bereits zwei Stunden nach Beginn der Verhandlungen wird der Angeklagte hingerichtet.
Der Fall beschäftigt die Palästinenser, und es zirkulieren in der Folge zahlreiche Bonmots über homosexuelle Offiziere. Die Affäre ist für die Bevölkerung eine willkommene Gelegenheit zur Verallgemeinerung. Die (unterstellten) sexuellen Neigungen stehen sinnbildlich für eine krankhaft veranlagte Regierung, und eigentlich drücken die Witzerzähler ihre latent vorhandenen negativen Gefühlen über das Regime aus, wenn sie sich über die Sicherheitskräfte mokieren. (7)
Witze, die Selbsthass ausdrücken, kommen in dieser Periode des Staatsaufbaus nicht auf. Der Zorn des Volks richtet sich gegen die Mächtigen – wir, so sagen sich die Leute, haben nichts Schlechtes getan.
So jung die PA auch ist: Die Korruption, siehe oben, grassiert. Bestechung und Misswirtschaft beschäftigen das Palästinenservolk heftig und animieren es zu Witzen über geldgierige Beamte oder Minister.
Die Tatsachen sind wahrhaftig stossend. Einige Minister leisten sich Luxusvillen, während gleich daneben Tausende in armseligen Baracken ohne Kanalisation, Elektrizität oder fliessendem Wasser leben müssen. 1996 seien vom 800-Millionen-Dollar-Budget 326 Millionen Dollar versickert, weist ein offizieller Bericht des Parlaments nach. Bei vielen Auslagen würden Belege fehlen, da sie für Bestechungszahlungen verwendet worden seien. Der amtliche Report verlangt die Absetzung von zwei besonders korrupten Ministern: Jamil Tarifi und Nabil Shaath. Doch statt die beiden zu entlassen, erhöht Arafat die Zahl der

Minister, um Kritiker zu besänftigen und sie auf seine Seite zu ziehen. Das Volk lässt sich aber nicht bluffen und verbreitet als Protest bissige Witze über die korrupte Regierung. (8)
Etwas harmloser fallen Bonmots über die Auslandshilfe aus, welche die PA von den Geberländern erhält. Ein grosser Teil der Gelder fliesst in die Ausbildung der neuen palästinensischen Beamtenschaft, die ins Ausland zu Kursen eingeladen wird. Dort würden die Beamten allerdings wenig Sinnvolles lernen, es könne mitunter sogar lebensgefährlich sein, wie das Beispiel des Krawattenbindens zeigt. Hier wird auch der Verdacht zum Ausdruck gebracht, der Westen wolle sie nun «zivilisieren». (9)
Mit dem Einzug Arafats ins Autonomiegebiet haben Witze über den Rais Konjunktur. Weil der Rais nicht direkt beleidigt werden darf, äussern die Leute ihre Kritik in Form von Witzen. Beim Volk beliebt sind Erzählungen, die sich über die Misswirtschaft auslassen. Alternativ witzeln sie über das Aussehen Arafats – und jeder weiss, dass damit das Regime gemeint ist. Derartige Anekdoten zirkulieren vor allem im Frühling 1999. Sie reflektieren die Unpopularität des Mannes, der versprochen hatte, am 4. Mai 1999 einen Staat auszurufen. Korruption wird Arafat persönlich aber nicht unterstellt.
Trotz seines diktatorischen Führungsstils ist Arafat in den westlichen Hauptstädten ein gerne gesehener Gast. Er wird überall als De-facto-Staatsmann empfangen. Vor der Unterzeichnung des Oslo-Vertrages war es ihm verboten, die USA zu besuchen. Danach erhält er mehr Einladungen ins Weisse Haus als jeder andere Politiker. Arafat reist so viel in der Welt herum, dass er beim Anflug einmal gefragt haben soll: «Landen wir jetzt – oder starten wir bereits?» Solange der Westen überzeugt ist, in Arafat einen verlässlichen Verbündeten gegen Extremisten und Terroristen zu haben, drückt er bei Menschenrechtsverletzungen in der Westbank und im Gazastreifen beide Augen zu. US-Präsident Clinton reist sogar nach Gaza und hält vor dem «Palestine National Council» eine programmatische Rede, in der er die nationalen Ziele der Palästinenser unterstützt. Der hohe

Besuch animiert den Volksmund zu einem Witz, in dem Clinton und Arafat beim Baden von einem Walfisch verschluckt werden und dabei eine Entdeckung machen, die für Arafat wenig schmeichelhaft ist. (10)
In einigen Witzen mutiert Arafat vom mutigen Freiheitskämpfer zum saftlosen Bürokraten, dessen Einsatz sich darauf beschränkt, Papiere und Formulare zu unterschreiben. Der Mann, der Geld und Pöstchen verteilt, erscheint im Volksmund nun als Aktenkrämer, der nichts anderes tut, als vor einem Papierberg zu sitzen. Gleichzeitig mokieren sich Palästinenser auch über die Obsession ihres Präsidenten, alle Anordnungen, und seien sie noch so unwichtig, mit seiner Unterschrift absegnen zu wollen. Letztlich interpretieren sie das als Zeichen der Schwäche, wie andere Witze über die Potenzdroge Viagra zeigen. Mit dem Fingerzeig auf das populäre Wundermittel geben Palästinenser zu erkennen, dass sie das ganze System für schwach und unvermögend halten. Um seine Funktion zu erfüllen, sei es auf externe Hilfe angewiesen. Die Anspielung auf Viagra ruft in der Bevölkerung zudem Erinnerungen wach an frühere Witze über den Rais, in denen ihm Impotenz vorgeworfen wurde. (11)
Doch Arafat hat eben auch eine andere Seite: Rigoros überwacht er alles bis ins letzte Detail. Er misstraut sämtlichen Institutionen – auch denjenigen, die er selber geschaffen hat. Vom Delegieren hält er nichts. Sogar persönliche Urlaubsgesuche und Spesenabrechnungen seiner Mitarbeiter soll er kontrollieren. Einst, so geht die Sage, habe ein Lehrer aus der Westbank von ihm wissen wollen, ob er die Kinder auch im Regen nach Hause schicken dürfe. Arafats Misstrauen gegenüber seiner Umgebung ist so gross, dass die Autonomieregierung alle Aktivitäten einstellt, wenn der Rais im Ausland ist. Loyalität ist ihm wichtiger als Kompetenz.
Selbst im Vergleich zu anderen arabischen Staaten ist das Regime Arafats sehr stark auf den Präsidenten ausgerichtet. Er betrachtet seine Anliegen und diejenigen der PA als nahezu deckungsgleich und führt die palästinensische Autonomieregierung so, als wäre

sie sein Privateigentum. Niemand wagt es, ihm zu widersprechen. Die Männer, die ihn umgeben, sind von ihm abhängig und sichern seine Macht zusätzlich ab. Ihm direkt unterstellt sind nicht nur die Minister, sondern auch die Offiziere aller Sicherheitsdienste, und über viel Einfluss verfügt er auch bei den Bürgermeistern, den Direktoren der palästinensischen Nachrichtenagentur WAFA und der «Palestinian Broadcasting Corporation» sowie beim Sprecher des Parlamentes, die alle von ihm abhängig sind.

Da die Palästinenser auch zehn Jahre nach dem Beginn des Friedensprozesses in Madrid auf die Ausrufung ihres Staates warten und das Regime nichts gegen die Korruption unternimmt, sinkt die Popularität Arafats und der politischen Kaste. Nur 25 Prozent geben im Januar 2001 an, Arafat zu vertrauen, wie aus einer repräsentativen Meinungsumfrage des palästinensischen «Jerusalem Media & Communication Center» (JMCC) hervorgeht. Vor diesem Hintergrund verbreiten Palästinenser gerne Geschichten über die diktatorischen Allüren ihres Präsidenten – aus Angst vor den Geheimdiensten allerdings oft nur hinter vorgehaltener Hand. (12)

Seine internen Gegner hält Arafat nicht nur mit einem ausgeklügelten internen Wettbewerb in Schach. Auch die Tabuisierung der Nachfolgefrage dient seiner Machtabsicherung. Das Parlament verabschiedet zwar eine Bestimmung über die Nachfolge Arafats. Doch er weigert sich, das Dokument zu unterschreiben. Stattdessen mokiert sich der Palästinenserführer über die westlichen Medien, die stets über seine Nachfolge spekulieren, wenn er einmal eine Grippe durchmacht. «Unsinn», sagte er einmal zu einem Journalisten, «ich habe Anschläge auf mein Leben überstanden, bin bei einem Flugzeugabsturz davongekommen, habe General Ariel Sharons Panzern in Beirut getrotzt – glauben Sie wirklich, dass eine lumpige Grippe mich umbringen kann?» Als das palästinensische Fernsehen, dessen Studio im Machtzentrum Arafats domiziliert ist, einen Bericht über das Wohlbefinden des PA-Präsidenten ausstrahlen wollte, wurde die Sendung unterbrochen, weil angeblich der Strom ausgefallen war.

Trotz aller Kritik und Vorbehalte ist Arafat aber nach wie vor «Mister Palestine», wie die Menge der Witze über ihn zeigt, auch wenn er dabei schlecht wegkommt: In der «Witzparade» bleibt er unangefochtene Nummer Eins. Er ist der einzige palästinensische Politiker, der namentlich erwähnt wird.

Er ist und bleibt der Kitt, der seit mehr als drei Jahrzehnten die heterogene palästinensische Gesellschaft zusammenhält.

1. Geduldige Nachsicht

Unser erster Verkehrsminister muss unbedingt ein Zahnarzt sein.
Warum?
Er muss zunächst dringend alle Löcher auf den Strassen von Gaza stopfen.

2. Bürokratie

In einem Forschungszentrum, das Arafat gegründet hat, studiert ein Wissenschafter das Verhalten von Fliegen. Er schliesst sie in der Hand ein und ruft laut «Flieg!». Er öffnet die Hand und die Fliege fliegt davon. Er notiert in seinem Journal:
«Fliege hört.»
Dann reisst er einer anderen Fliege die Flügel aus, schliesst sie wieder in der Hand ein und ruft, nachdem er seine Hand geöffnet hat, abermals:
«Flieg!»
Da sich die Fliege dieses Mal nicht rührt, notiert er als wissenschaftliche Konklusion in seinem Journal:
«Fliege ohne Flügel hört nicht.»

Ein alter Kampfgefährte Arafats kommt nach langen Exiljahren in die Westbank zurück. Arafat soll ihm einen Job besorgen, geht er ihn an.
Arafat: «Kein Problem. Ich ernenne dich zum Minister.»
«Mir fehlt leider die entsprechende Ausbildung. Hast du nicht etwas Einfacheres für mich?»
«Du kannst auch Generaldirektor in einem Ministerium werden.»
«Das scheint mir ebenfalls zu schwierig, da ich ja kaum zur Schule ging. Hast du nichts leichteres?»
«Ich könnte dich zum stellvertretenden Direktor ernennen.»

«Auch das scheint mir zu hoch. Kannst du mich nicht als einfachen Angestellten in einem Büro unterbringen?»
«Nein, das ist leider unmöglich. Für *diesen* Job verlangen wir Qualifikationen.»

Norwegen, eines der Geberländer, schickt einen Hund, einen Papagei und einen Esel nach Palästina. Sie sollen über die Lage der Bevölkerung Bericht erstatten. Nach zwei Monaten werden sie nach Norwegen zurückgerufen, damit sie über ihre Erkenntnisse referieren.
Der Hund lobt: «Ihr habt gut daran getan, uns so schnell zurückzurufen. Obwohl ich überall herumgerannt bin, um ein Stück Fleisch zu finden, habe ich keines gefunden.»
Der Papagei: «Ihr habt gut daran getan, uns so schnell zurückzurufen. Die ganze Zeit hört man dort nur ‹wir wollen einen palästinensischen Staat mit der Hauptstadt Jerusalem, wir wollen einen palästinensischen Staat mit der Hauptstadt Jerusalem›. Ich habe genug von diesem Geschwätz.»
Der Esel aber beschwert sich: «Weshalb habt ihr mich so schnell zurückgerufen? Hättet ihr mich noch zwei Monate in Gaza gelassen, wäre ich heute bereits Generaldirektor.»

Ein Lehrer hält um die Hand einer jungen Frau an, in die er sich verliebt hat. Wie die Mutter hört, dass der Zukünftige ihrer Tochter als Lehrer bei der PA arbeitet, fragt sie besorgt:
«Und wovon willst du leben?»

Weshalb hat die PA kürzlich eine Tonne des Wundermittels Viagra bestellt?
Weil sie einen starken Staat aufstellen will.

3. Polizisten und Offiziere

Ein Polizist prahlt, dass er Esel zum Lachen, zum Weinen und zum Wegspringen veranlassen kann. Um seine Behauptung zu beweisen, lässt er sich einen Esel bringen und flüstert ihm etwas ins Ohr. Das Grautier lacht. Dann murmelt der Polizist nochmals, und der Esel weint. Schliesslich wispert er dem Esel etwas Drittes ins Ohr, worauf dieser schleunigst davonspringt.
«Was hast du dem Esel zugeflüstert?»
«Zuerst habe ich dem Esel gesagt, dass ich für den palästinensischen Staat arbeite. Da hat er über meine Dummheit gelacht. Dann habe ich ihm verraten, wieviel ich verdiene. Da hat er geweint.»
«Weshalb aber ist er weggesprungen?»
«Ich habe ihn gefragt, ob er für die palästinensische Polizei arbeiten möchte.»

Schlechte Nachricht für einen Offizier im palästinensischen Geheimdienst: Er müsse bald sterben, sagt ihm sein Arzt. Schnell fliegt der Offizier in die Vereinigten Staaten, um sich dort klonen zu lassen. Nach einem Monat Wartezeit teilt man ihm mit, dass technisch alles einwandfrei funktioniert habe. Doch beim Klonen sei leider ein Esel herausgekommen.
Der Offizier schimpft fürchterlich und reist nach Grossbritannien, um dort sein Glück nochmals zu versuchen – aber auch dort ist sein Doppel erneut ein Esel.
Weil der Offizier überzeugt ist, Opfer einer imperialistischen Verschwörung zu sein, fliegt er nach China. Doch auch dort sagen ihm die Wissenschafter nach einem Monat, dass sein genetisches Doppel ein Esel sei. Die Chinesen bitten ihn, sich nochmals vier Wochen zu gedulden.
Und siehe da, beim zweiten Versuch gelingt es den Chinesen schliesslich, ein perfektes Ebenbild des Offiziers zu klonen. Der Offizier informiert stolz die Wissenschaftler in den USA und in England vom Erfolg der Chinesen. Aus Sorge, dass die Chinesen

ihnen in der Kunst des Klonens voraus sein könnten, erkundigen sich die westlichen Wissenschafter bei den Kollegen in Peking nach dem Geheimnis ihres Erfolgs.
«In der Tat», geben sie zu, «auch bei uns kam beim ersten Versuch ein Esel heraus. Doch dann haben wir den Esel gentechnisch kopiert. Innerhalb eines Monats konnten wir dann aus dem Esel den Offizier klonen.»

Weshalb verzichtet man bei der Ausbildung palästinensischer Offiziere auf Schiessübungen und macht lediglich Lauftraining? Weil die Offiziere, wenn sie Israelis erblicken, nicht schiessen, sondern davonrennen.

Wie wählt man bei uns Polizisten aus?
Man versammelt alle Kandidaten in einem Raum und stellt ihnen leichte Fragen. Wer bei diesem Test durchfällt, wird Polizist.

Die palästinensische Polizei hält vor Hebron einen Renault R5 mit zwei Insassen an.
«Wo sind die anderen drei?», wundert sie sich und schöpft Verdacht.
Die Polizisten rufen Dschibril Radschub, den Sicherheitschef im Westjordanland, an. Wie sie ihm das Problem schildern, reagiert Radschub gereizt:
«Deswegen stört ihr mich bei meiner Arbeit? Ich habe viel schwierigere Probleme zu bewältigen! Ich muss mich hier mit einem Mercedes 220 herumschlagen, in dem bloss *ein* Mann sitzt.»

Ein Mitglied der Sicherheitskräfte will Hand an sich legen. Aber es fehlt ihm der Mut, sich eine Kugel in den Kopf zu jagen. Er möchte sich vergiften, das sei schmerzlos. Doch eines spreche dagegen, sagt er sich: Seine Kollegen werden ihn für einen Feigling halten, wenn er nicht im Kampf stirbt.
Da hat er einen genialen Einfall, der seine Ehre retten soll:

Er entnimmt dem Magazin des Gewehrs eine Kugel und schluckt sie herunter. Danach greift er beherzt zum Gift.

Der Leibwächter Abu Ammars, der aus Hebron stammt, stand vor einer harten Bewährungsprobe, als eines Nachts eine Handgranate um ein Haar den Rais getötet hätte. Obwohl der Bodyguard geistesgegenwärtig aufsprang und die Verfolgung aufnahm, gelang es ihm nicht, den Attentäter zu fangen.
«Wie konnte das geschehen?», will Arafat erbost wissen.
Der Leibwächter erklärt es ihm:
«Zunächst war ich 100 Meter hinter ihm. Dann holte ich auf und verringerte den Abstand bis auf 30 und später sogar bis auf 10 Meter. Schliesslich habe ich ihn überholt und hinter mir gelassen.»

4. Selbstkritik

In Gaza stösst ein Palästinenser beim Öffnen einer Sardinenbüchse auf Teile einer Ratte. Er bringt die Dose zurück und beschwert sich.
Ja ob er denn nicht gesehen habe, was auf der Packung stehe, wundert sich der Verkäufer:
«Wer eine ganze Ratte sammelt und sie ins Geschäft bringt, erhält eine Prämie.»[23]

Ein Palästinenser hat auf dem Markt von Gaza eingekauft. Voll beladen mit Taschen sucht er ein Taxi und stellt sich an den Strassenrand, wo jedes Anhalten verboten ist.
«Steig schnell ein», mahnt ihn ein Taxifahrer zur Eile, «wir müssen hier weg, bevor die Juden kommen.»

---

23 Anspielung auf eingeführte Lebensmittelkonserven aus Israel, deren Verfalldatum bereits abgelaufen ist.

Weshalb stürzen Helikopterpiloten nach jedem Start ab?
Eine von Arafat eingesetzte Untersuchungskommission stellt menschliches Versagen als Unfallursache fest: Die Piloten glauben, in der kühlen Höhe auf den «Ventilator» verzichten zu können und stellen den Propeller ab.

Als das Gesundheitsministerium seine Tätigkeit aufnahm, eilte ganz Hebron zum neuen Amt. Es gebe dort Cholera, hatte sich in der Stadt herumgesprochen. In Hebron wusste niemand, was das ist. Gerüchteweise war lediglich zu hören, sie sei von den Geberländern als Hilfe gespendet worden. Und da wollte keiner zu kurz kommen.

Während einer Rede Arafats kommt es zu einem Handgemenge im Publikum, in dessen Verlauf einige Zuhörer getötet werden. Arafat lässt sich nicht beirren und fährt, an seine Kritiker gerichtet, in seiner Ansprache fort:
«Ein Staat, der keine Probleme hat, ist kein Staat.»
Dann aber vergisst er sich und sagt euphorisch:
«Und Gott sei Dank haben wir überhaupt keine Probleme.»

Clinton, Barak und Arafat sind in der Hölle und rufen nach Hause an. Für sein zehnminütiges Gespräch ins Weisse Haus bezahlt Clinton 400 Dollar. Barak setzt sich mit dem Oppositionsführer Sharon in Verbindung und muss dafür 4000 Schekel hinblättern. Von Arafat, der mit Gaza spricht, verlangt Gott hingegen nichts, obwohl er stundenlang die Leitung blockiert hat. Wie sich Clinton und Barak über die ungleiche Behandlung beschweren, sagt man ihnen:
«Arafat telefoniert zum Lokaltarif.»

5. Wahlen

Ein Palästinenser hat Arafats Herausforderin Samiha Khalil gewählt. Wie er zu Hause ankommt, überlegt er sich die Sache nochmals und bereut seine Wahl. Er möchte seine Stimme doch lieber Arafat geben. Schnell eilt er ins Wahllokal und erklärt sein Anliegen:
«Kann ich meine Wahl korrigieren?»
«Nicht nötig», beruhigt ihn der Beamte, «dieses Mal haben wir das für dich erledigt. Aber es ist das letzte Mal, dass wir es für dich tun!»

Die Wahlliste fürs Parlament ist bereits abgeschlossen. Doch Arafat will noch einen seiner Freunde berücksichtigen. Er lässt den Verantwortlichen des Wahlbüros zu sich kommen und trägt ihm auf, einen weiteren Kandidaten zuzulassen.
«Das geht leider nicht, denn die Frist ist gestern abgelaufen», weigert sich der Beamte.
Arafat lässt sich davon nicht beeindrucken und herrscht den Beamten an:
«Nicht heute spreche ich zu dir, sondern gestern!»

Vor den Wahlen bewerben sich beim palästinensischen Fernsehen Moderatorinnen, die Nachrichten lesen wollen. Arafat prüft alle Kandidatinnen. Dann sagt er:
«Ich brauche niemanden. Ich werde die Nachrichten am Fernsehen selber lesen.»

6. Geheimdienste

Für eine Radiosendung wird ein Passant interviewt, was er von Arafat halte.
«Er ist grossartig», meint der Mann.
«Und was halten sie von der Polizei?»

«Auch sie ist grossartig.»
Zum Schluss darf sich der Mann ein Lied wünschen. Er zögert nicht lange und nennt den Titel eines populären ägyptischen Songs, den sich sonst nur Verliebte wünschen:
«Ach! ich kann nicht wirklich sagen, was in meinem Herzen vor sich geht.»

Ein Sammeltaxi, in dem sich ein halbes Dutzend Passagiere den Fahrpreis teilen, ist unterwegs von Gaza-City nach Rafiah an der ägyptischen Grenze. Die Passagiere beklagen sich über die schlechte Situation.
«Er ist schuld», mischt sich der Fahrer ins Gespräch ein.
Wen er mit «er» meine, wollen zwei Männer wissen, die bisher schweigend im Fonds gesessen haben.
«Arafat natürlich», gibt der Fahrer zurück.
Da geben sich die beiden als Geheimdienstoffiziere zu erkennen und heissen den Chauffeur aussteigen. Sie wollen ihm eine Lektion erteilen und dreschen so lange auf ihn ein, bis er röchelt: «Arafat ist nicht verantwortlich.»
Am folgenden Tag ist der Chauffeur wieder unterwegs. Zwei Frauen steigen ein und unterhalten sich über dies und das. Sagt die eine:
«Ich habe gehört, dass Arafats Frau schwanger ist.»
Wieder mischt sich der Fahrer ein, der inzwischen vorsichtiger geworden ist: «Aber Arafat ist nicht verantwortlich.»

Devise: Wir dürfen selbstverständlich alles sagen – so lange wir dabei unseren Mund nicht öffnen.

Ein Polizist berichtet dem Hauptquartier, wie er einen Verdächtigen beschattet hat.
«Er ging auf der rechten Strassenseite, ich aber auf der linken, um ihm nicht aufzufallen», meldet er stolz. «Dann ging der Verdächtige in ein Kaffeehaus, und ich ging ihm nach. Er bestellte Kaffee, ich aber Tee, um mich zu tarnen.»

Doch als der Verdächtige in ein Taxi stieg, habe er ihn aus den Augen verloren:
«Er fuhr nach Norden. Damit er nicht merkt, dass er verfolgt wird, fuhr ich in Richtung Süden.»

Ein Lehrer will von seinen Schülern wissen, welche Tiere fliegen können.
«Der Adler», weiss Achmed.
«Richtig», lobt der Lehrer. «Was arbeitet dein Vater?»
«Er ist Arzt.»
Der Lehrer zufrieden:
«Es ist für die Intelligenz eben doch wichtig, in welchem Umfeld Kinder aufwachsen.»
Nun meldet sich Ali:
«Auch Störche können fliegen.»
Der Lehrer ist wiederum zufrieden und will wissen, welchen Beruf der Vater ausübe.
«Er ist Lehrer.»
Schliesslich meldet sich auch Mahmoud, der Polizistensohn.
«Elefanten können ebenfalls fliegen.»
Der Lehrer stutzt zunächst und meint dann schlagfertig:
«Natürlich, wenn sich Elefanten genügend anstrengen, können sie auch fliegen.»

Ein junger Palästinenser, der in den USA studiert hat, kehrt in die Westbank zurück. Er hat Mühe, sich in der Heimat wieder zurechtzufinden. Eines Tages macht er während einer Demonstration seinem Unmut über den Schlendrian der Bürokraten Luft.
«Was ist das für ein Leben», ruft er laut. «Wo ist der Frieden? Wo ist die Demokratie? Wo ist die Freiheit?»
Viele Leute bleiben stehen und hören ihm zustimmend zu, darunter auch ein alter Mann. Er gibt dem Jungen recht und ruft ebenfalls laut:
«Wo ist der Frieden? Wo ist die Freiheit? Wo ist die Demokratie?»

Plötzlich hält er inne, sieht sich um und fügt hinzu:
«Und wo ist der junge Mann?»

7. Homosexuelle Offiziere

Welche Ränge gibt es bei den palästinensischen Offizieren?
Zuoberst steht der Major.
Und dann? Dann kommt der Hauptmann.
Und was ist darunter? Ein junger Knabe.

Kürzlich hat man die Bedingungen der Offiziere verbessert. Sie erhalten nun nicht nur Autos, mobile Telefone und eine Pistole. Neuerdings steht ihnen auch ein Boy zur Verfügung.

Ein Knabe hat den Marathon von Gaza gewonnen.
Warum?
Er glaubte, von einem palästinensischen Offizier verfolgt zu werden.

Ein Palästinenser besucht während den Festtagen einen Freund, der Offizier ist. Dabei nimmt er seinen Sohn mit. Meint der Gastgeber erfreut:
«Das wäre aber wirklich nicht nötig gewesen.»

Die EU will der PA helfen und bietet ihr 1500 Knaben an.

Das Abzeichen der Offiziere wurde geändert. Es zeigt nicht mehr drei Sterne, sondern deren zwei und zusätzlich das Bild eines Knaben.

Neuerdings wurde die Begrüssung unter Offizieren geändert. Statt die eine Hand stramm an den Kopf und die andere dem Bein entlang zu halten, decken Offiziere nun mit einer Hand den Hintern ab.

Was ist schneller als Licht?
Ein palästinensischer Offizier, der einem Knaben nachrennt.

8. *Korruption*

Weshalb ist in Jericho die Zahl der Autodiebe zurückgegangen, seit die PA eingezogen ist?
Weil alle Diebe von der Polizei rekrutiert worden sind.

Arafat braucht wieder einmal Geld und geht, zusammen mit seinem Planungsminister Nabil Shaath, zum König von Saudi-Arabien.
«Kein Problem», meint der König, «doch du musst vorerst drei Bedingungen erfüllen. Erstens verlange ich von dir die Schliessung des Kasinos in Jericho, das gegen die Gesetze des Islams verstösst.»
«Nabil», will Arafat wissen, «können wir auf das Kasino verzichten?»
Wie dieser mit einem Kopfnicken die Frage bejaht, stellt der König die zweite Bedingung: Arafat solle seinen Staatshaushalt transparenter gestalten.
Weil Nabil Shaath mit einem Kopfnicken auch die Machbarkeit dieser Bedingung bestätigt, nennt der König die dritte Voraussetzung:
«Kannst du mir versprechen, jedem korrupten Minister die rechte Hand abzuhacken?»
Arafat überlegt kurz und will dann von Nabil Shaath wissen:
«Nabil, kannst du auch mit der linken Hand schreiben?»

Wie üblich sitzt Arafat nach Mitternacht mit seinen Ministern und Mitarbeitern im Büro. Da klingelt das Telefon. Seine Frau Suha, die allein im Haus ist, hat Geräusche gehört:
«Diebe sind bei uns eingebrochen», sagt sie aufgeregt, «komm schnell nach Hause!»
Doch Arafat beruhigt sie:

«Du musst dich getäuscht haben, meine liebe Suha. Alle Diebe sitzen bei mir im Büro.»

Ein prominenter Politiker aus Hebron beklagt sich bei Arafat darüber, keinen Ministerposten erhalten zu haben. Der Rais hat ein Einsehen und ernennt den Mann zum Ölminister.
Stolz kehrt der Geehrte nach Hause zurück und erzählt überglücklich, er sei nun doch Minister geworden.
Doch seine Freude wird getrübt, als man ihn daran erinnert, dass es in ganz Palästina keinen Tropfen Erdöl gibt.
Frustriert wendet sich der Politiker wieder an Arafat und beklagt sich über die Bedeutungslosigkeit seines Portfolios.
«Weshalb regst du dich auf?», wundert sich Arafat, «bei uns gibt es keine Gerechtigkeit – und doch haben wir einen Justizminister.»

9. Auslandshilfe: Gut gemeint, aber...

Beamte aus Hebron werden in die USA eingeladen. Sie sollen lernen, wie man eine Krawatte bindet. Doch nach dem Kurs kehren bloss zehn zurück. Vier haben sich beim Binden erwürgt.

10. Arafat, der Hässliche

Ein Dieb hat sich in Arafats Haus geschlichen. Dabei hört er, wie Arafat seiner Frau Suha sagt:
«Ich würde zwei Millionen Dollar zahlen, wenn mir jemand sagt, wie schön ich sei.»
«Das ist leicht, das mache ich», denkt sich der Dieb.
Tags darauf geht er in Arafats Büro. Doch wie er die Türe öffnet und Arafat sieht, zuckt er zusammen.
«Zum Teufel mit all dem Geld», schreit er und rennt davon.

Als Clinton in Gaza war, ging er mit Arafat baden. Kaum waren sie im Wasser, näherten sich ihnen zwei Walfische. Der eine verschlang Clinton, der andere Arafat.
Clinton versuchte, mit gutem Zureden seine Freilassung zu erwirken. Er sei ein sehr wichtiger Mann, stellte er sich dem Wal vor, und er würde sich für ein weltweites Walfischfang-Verbot einsetzen. Trotz des guten Zuredens musste Clinton stundenlang im Bauch ausharren, bevor der Wal ihn ausspuckte. Wie Clinton zum Strand zurückkehrte, ruhte sich Arafat dort bereits aus.
«Wie hast du dich so schnell befreit?», wundert sich Clinton.
«Ach, das war ganz einfach. Der Wal fragte mich: ‹Wer bist du?› Als ich mich mit ‹Arafat› vorstellte, hat er mich ganz schnell ausgespuckt.»

Ein Mann rettet Arafat vor dem Ertrinken.
Arafat: «Du kannst von mir haben, was dein Herz begehrt.»
Der Mann: «Vielen Dank. Aber ich brauche nichts.»
Arafat: «Doch, bitte, du hast mir das Leben gerettet. Wie kann ich dir danken?»
Der Mann: «Also gut, wenn du darauf bestehst. Verrate bitte niemandem, dass *ich* dich gerettet habe.»

Als Arafat um Suhas Hand anhielt, pries er sich:
«Ich bin stark und ein Selfmademan.»
Sie sah ihn an und sagte spontan:
«Das sieht man. Eine so hässliche Kreatur kann unmöglich Gott geschaffen haben.»

Arafat und Barak brüten über einer Landkarte und diskutieren über den Grenzverlauf, über Siedlungen und über Al Quds (Jerusalem). Da erscheint ein Dschinn, der Arafat helfen will.
«Was kann ich für dich tun, verehrter Rais?»
«Sorge dafür, dass wir eine richtige Heimat erhalten, ein zusammenhängendes Gebiet – und nicht nur bloss ein paar Inseln hier und dort.»

Der Dschinn erschrickt: «Das wird schwierig sein. Hast du denn nicht einen anderen Wunsch, den ich dir leichter erfüllen kann?»
«O. k., dann sorge dafür, dass ich schön werde.»
Nun erschrickt der Dschinn erst recht und sagt:
«Weisst du was? Reich mir die Landkarte!»

11. Arafat, der Bürokrat

Wie ähnlich sich Arafat und Tochter doch seien, ruft einer entzückt aus.
«Das finde ich gar nicht», widerspricht ein Freund.
«Doch, doch, und ich wollte sie deshalb immer schon fragen, ob sie mir einen Gefallen tun und ein Dokument unterschreiben könne.»

Weshalb macht Arafat immer wieder das V-Zeichen?
Er will den Sieg unserer Nation verkünden.
Falsch. Er preist die Ankunft der Wunderdroge Viagra.

12. Arafat, der Diktator

Die italienische Regierung offeriert uns Palästinensern zwei Millionen Paar Schuhe. Die Autonomiebehörde nimmt das Angebot dankend an, faxt aber nach Rom:
«Bitte 1 999 999 Paar Schuhe ohne Schuhbändel liefern. Nur *ein* Paar benötigt Schuhriemen.»[24]
Warum?
Weil es bei uns nur einen gibt, der Schuhe schnüren kann.

Eine Variante:
«Warum geht Arafat stets ohne Schuhbändel nach Washington?»[25]

24 «Schuhbändel anhaben» bedeutet so viel wie «alles kontrollieren».
25 Weil er dort nichts zu sagen hat.

Ein reicher Palästinenser, der im Exil lebt, will im Gazastreifen investieren, den Aufbau des werdenden Staates unterstützen und neue Arbeitsplätze schaffen.
Arafat: «Welche Projekte willst du realisieren?»
Der Investor: «Eine Fabrik, die Orangensaft herstellt.»
Da Arafat Orangensaft nicht gern hat, entscheidet er:
«Baue lieber eine Fabrik für Coca-Cola.»

# 5. Camp David und die Al-Aksa-Intifada

«Bitte schiess mir ins Bein»:
Resignation und Perspektivlosigkeit

Im Herbst 2000 führen das Scheitern der Camp-David-Verhandlungen und die Ernüchterung über den Leistungsausweis der PA zur Al-Aksa-Intifada. In den Geschichten, die sich die Palästinenser erzählen, wird allerdings bezweifelt, dass der Aufstand ein gutes Ende nehmen wird.

Der Volksmund greift die Verhandlungen von Camp David rasch auf. Obwohl der Gipfel bloss zwei Wochen dauert, machen mehrere Witze die Runde. Die schicksalsträchtigen Gespräche, bei denen der israelisch-palästinensische Streit ein für allemal geschlichtet werden soll, beschäftigen die Palästinenser naturgemäss ausserordentlich stark. Wo sollen die Grenzen des künftigen Staates Palästina gezogen werden? Wie viele Flüchtlinge dürfen zurückkehren? Wem gehört Jerusalem?
Dass im Sommer 2000 nun endlich Themen aufs Tapet kommen, die im Zentrum des Konflikts stehen, beflügelt die Hoffnung der Palästinenser allerdings nicht sonderlich stark. Sie befürchten, sieben Jahre nach dem Beginn des Friedensprozesses einmal mehr mit allgemeinen Floskeln und vagen Zusicherungen abgefertigt zu werden. Sie wollen nun aber endlich konkrete Resultate sehen. Sie bestehen ultimativ auf Ost-Jerusalem als Hauptstadt Palästinas, beanspruchen die Souveränität auf dem Haram al-Scharif/Tempelberg, wo die Al-Aksa-Moschee steht, wollen ein Recht auf Rückkehr für die palästinensischen Flüchtlinge in ihre alte Heimat durchsetzen und verlangen den Abzug der jüdischen Siedler aus der Westbank und aus dem Gazastreifen.
Das zeitgenössische Narrativ unter Palästinensern reflektiert diese Mischung aus resignierender und kämpferischer Stimmung. Die Verhandlungen würden die Palästinenser systema-

tisch benachteiligen, heisst es in populären Witzen. Skeptisch geht das Volk davon aus, Israels Regierungschef Ehud Barak werde bei den zentralen palästinensischen Anliegen nur zu ungenügenden Konzessionen bereit sein.

In diesem Sinn interpretieren die Palästinenser die ersten Fernsehbilder aus Camp David. Die Szene mit Ehud Barak und Jassir Arafat, die sich gegenseitig als erste durch eine Tür schieben wollen, während Gastgeber Clinton lachend zuschaut, wird im Westen als gutes Zeichen für die kommende Verhandlungsrunde ausgelegt. Für die Palästinenser wird sie hingegen zur Bestätigung einer bösen Vorahnung, wie dies in einer Anekdote über Camp David zum Ausdruck kommt. Die zur Schau gestellte Höflichkeit vor der Türe werten sie als Symbol für die Asymmetrie der Osloer Verträge. Der ganze Friedensprozess habe von Anfang an die israelischen Interessen stärker berücksichtigt als die palästinensischen. Der Ausverkauf der Heimat gehe in Camp David weiter, heisst es in einem Witz, der im Sommer 2000 en vogue ist. (1)

Nach dem ergebnislosen Ende der Camp-David-Verhandlungen ist die Stimmung in den palästinensischen Gebieten gespannt. Die Palästinenser wähnen sich am Ende ihres nationalen Traums. Doch nicht nur das. Ihren Zorn zieht ebenso die schlecht funktionierende und korrupte Verwaltung der PA auf sich (vgl. auch Kapitel 4).

Bei diesem explosiven Gemisch von äusseren und inneren Frustrationen braucht es nicht viel, bis das Pulver zündet. Der Besuch des israelischen Oppositionsführers auf dem Haram al-Scharif/Tempelberg, der sowohl Juden als auch Moslems heilig ist, wirkt zwar für die Palästinenser als Provokation, und am folgenden Tag kommt es zu heftigen Zusammenstössen mit israelischen Sicherheitskräften, in deren Verlauf fünf Palästinenser getötet und mehr als 300 verletzt werden. In der Folge breiten sich die Unruhen auf die ganze Westbank und den Gazastreifen aus. Vorübergehend schliessen sich auch die Palästinenser, die in Israel leben, der Intifada an.

Im Gegensatz zu vielen Kommentaren in der Presse und zu den offiziellen Verlautbarungen der PA und Arafats, welche anfänglich die Provokation Sharons als den eigentlichen Auslöser der zweiten Intifada brandmarken, wird Sharons Besuch auf dem Haram al-Scharif vom Gros der palästinensischen Bevölkerung *nicht* als zentrales Ereignis für den Ausbruch des Aufstandes empfunden, wie ein Blick auf die Witze deutlich macht. Die Visite Sharons wird nicht thematisiert.
Für die Mehrheit der Palästinenser präsentiert sich die Situation anders. Ende September sind sie sich darin einig, dass eine Koexistenz mit Israel unmöglich ist, bevor nicht alle Zeichen der Besatzung verschwunden sind. Zahlreiche Umfahrungsstrassen in den palästinensischen Gebieten, von denen viele für Siedler reserviert sind, und Kontrollposten (Checkpoints), die um die palästinensischen Gebiete aufgestellt werden, schränken die Bewegungsfreiheit der Palästinenser ein. Während Israelis das Gefühl haben, die Besatzung sei zu Ende, weil die meisten Palästinenser von der PA regiert werden, sehen sich Palästinenser, sieben Jahre nach der Unterschrift Arafats unter die Osloer Verträge, schlechter gestellt. Angesichts der Sorge, Israel wolle die nationalen Ziele verhindern, rückt das Thema Al Aksa und damit die Provokation Sharons in den Hintergrund. Es ist ihnen letztlich gleichgültig, ob die Arbeitspartei oder der Likud die israelische Politik bestimmt.
Der Besuch Sharons ist wohl eher im Kontext der muslimischen Welt relevant, für die das drittwichtigste islamische Heiligtum ein bedeutsames Anliegen ist. Aus dieser Sicht hat die PA ein starkes Interesse, die religiöse Bedeutung der Al-Aksa-Moschee immer wieder zu betonen, um die panarabische Solidarität anzurufen und die Massen in den islamischen Ländern zu mobilisieren. Ihnen steht die Religion näher als die nationalen Ziele der Palästinenser. Den Palästinensern aber scheinen in dieser Phase ihres Aufstandes Haus und Heimat wichtiger als ein Heiligtum – das zumindest zeigt sich in der mündlichen Folklore. Sie ist in diesem Sinne authentischer als die offiziellen

Verlautbarungen, weil sie die Gefühle und Ängste der Bevölkerung direkt und unverfälscht ausdrückt. Dass bei der Intifada auch religiöse Motive eine Rolle spielen, lässt sich indes, siehe unten, an anderen Anekdoten erkennen.

Aus den ersten Wochen der Al-Aksa-Intifada existieren nur wenige Witze. Die trostlos scheinende Situation animiert die Palästinenser nicht dazu. Sie sehen sich erstens von den Israelis in die Ecke gedrängt und befürchten, dass ihr eh schon kleines Gebiet in Dutzende von Mini-Provinzen aufgeteilt und ihr Volk von der militärischen Übermacht früher oder später gar ausgelöscht wird. Zweitens hat das Ziel, der unabhängige Staat Palästina, in den Augen derjenigen Palästinenser an Glanz verloren, die ihre politische Führung für korrupt und unzuverlässig halten. Scham und Verzweiflung befällt sie, wenn sie sich vergegenwärtigen, was aus der PA geworden ist.

Der Humor während der Al-Aksa-Intifada ist dementsprechend schwarz und von Pessimismus gezeichnet. Er widerspiegelt totale Resignation. Tod und Leben, Krieg und Frieden, Besatzung und die palästinensische Autorität – den Palästinensern ist es einerlei. Die Witze über die Unfähigkeit der PA verschwinden aus dem Alltag. Im Kampf gegen Israel schliessen sich die Reihen wieder, und es gilt nicht mehr als schick, die eigene Regierung zu kritisieren. Die Palästinenser, die mit der PA nicht zufrieden sind, fragen sich, für wen sie eigentlich kämpfen. Ihnen scheint es wenig erstrebenswert, sich für das Überleben eines bestechlichen Regimes einzusetzen. Die weit verbreiteten Zweifel an der Realisierung der nationalen Aspirationen werden Ende 2000 in Anekdoten unterstrichen. Statt um stolze Heldentaten kreisen die Geschichten sarkastisch um Intifada-Opfer, die letztlich nutzlos seien.

Die erste und die zweite Intifada finden unter völlig verschiedenen Voraussetzungen statt. Ein wesentlicher Unterschied ergibt sich aus dem Ort der Auseinandersetzungen. Während des ersten Aufstandes kontrollierten israelische Soldaten die palästinensischen Bevölkerungszentren. Die Besatzer waren im feindlichen

Territorium ständig in Bewegung und kämpften gegen unbewaffnete Zivilisten. Wegen der israelisch-palästinensischen Verträge, die der PA die bevölkerungsreichsten Städte zur Selbstverwaltung überliessen und die israelischen Soldaten aus den Städten verbannten, spielt sich während der zweiten Intifada ein anderes Szenario ab. Weil die meisten Palästinenser in der Zone A unter der Herrschaft der PA leben und von der israelischen Armee eingekesselt sind, wird der Konflikt anfänglich bei Zusammenstössen an der Peripherie der palästinensischen Autonomiegebiete ausgetragen. Die Kämpfe finden in der Nähe der jüdischen Siedlungen und an den israelischen Checkpoints, den Kontrollpunkten der israelischen Armee, statt. Dieses Mal sind es die Palästinenser, die sich zum «Tatort» begeben müssen, nämlich dorthin, wo sich Israels Soldaten verschanzt haben. Wochenlang wiederholt sich das Ritual: Kinder strömen nach der Schule zu den einschlägigen Orten («flashpoints») am Stadtrand. Dort werfen sie Steine gegen israelische Soldaten, bis diese mit dem Einsatz von Scharfschützen reagieren. Dabei sind auf palästinensischer Seite regelmässig Tote und Verletzte zu beklagen.

Ein weiteres Merkmal charakterisiert den Unterschied zur ersten Intifada: Die Palästinenser haben jetzt den Eindruck, die Israelis würden ihr Leben vollständig kontrollieren und mit ihnen «spielen» – ein Gefühl, das die Palästinenser in diversen Varianten ausdrücken. Sie schildern die Israelis als unbesiegbar, sich selber als unterlegen und kleiden dieses Gefühl in entsprechend makabre Geschichten. Die Palästinenser würden auch auf irrationale Verhaltensmuster zurückgreifen, heisst es in einem Witz, der sich über Methoden lustig macht, mit denen die Palästinenser den Feind besiegen wollen. (2)

Wurden während der ersten Intifada die Kämpfer gerühmt, verherrlicht und mit Heldengeschichten zu mutigen Taten angespornt, werden sie nun als lächerliche Gestalten hingestellt. Viel werde ihnen die Auseinandersetzung nicht bringen, eigentlich sei der Kampf verloren, bevor er richtig begonnen habe – so lautet der Tenor der Geschichten.

Die Skepsis kann man etwa an der Geschichte ablesen, die sich über die Unkenntnis des neuen Intifada-Vokabulars lustig macht. Während des Aufstandes, der den Palästinensern Hunderte von Todesopfern abverlangt, wird der medizinische Fachausdruck «klinisch tot» (mot sariri)[26] Teil der Alltagssprache. Einfache und ungebildete Leuten haben aber ihre liebe Mühe mit diesem medizinischen Fachbegriff, vor allem die im Volksmund als nicht sehr intelligent geltenden Bürger Hebrons. Dass ausgerechnet sie in den Witzen die Kämpfer sind, spricht Bände über das schlechte interne Image der Intifada-Kämpfer. (3)

Wenn in den Geschichten der Versuch, die Israelis zu stoppen, von vornherein zum Scheitern verurteilt wird, ist es nur folgerichtig, wenn den Märtyrern keine – oder von der falschen Seite – Belohnung winkt. Der Schahid stirbt keinen Heldentod, und sein Ende wird, anders als während des erstenAufstandes, nicht zum Anlass genommen, um eine positive Botschaft zu verbreiten. Als Belohnung warten keine Jungfrauen auf die Märtyrer, sondern, ganz nüchtern, israelische Ärzte. Die Schmach ist zweifach: Der Palästinenser verliert und wird erst noch von einem israelischen Arzt gerettet. Doch trotz des Pessimismus und Defätismus sind die Palästinenser stolz auf ihre Märtyrer – auch wenn sie ihren Tod nicht unbedingt als grossen Sieg feiern. Die Überzeugung, sie seien die ewigen Verlierer, führt zu einem weiteren Witzmuster. Nicht der Befreiungskampf, sondern die monetäre Entschädigung sei ein zentrales Motiv der Steinewerfer, heisst es boshaft. Letztlich sei das einzige Motiv für den Kampf das Geld, das die Familien der Märtyrer erhalten. Auffallend sind die wiederkehrenden Pointen, wonach Israelis darüber entscheiden, wer Märtyrer und wer «bloss» Verwundeter wird. Zynisch ziehen die Geschichtenerzähler die Aufrichtigkeit ihrer jugendlichen Kämpfer in Zweifel, obwohl diese bei ihrem Einsatz ihr Leben riskieren. (4)

---

26 «Mot» heisst tot, «sariri» Bett. Das Wort «sariri» ist gehobenes Arabisch und wird in der Umgangssprache kaum gebraucht. Das übliche Wort für Bett heisst «täcäht».

In diesem Sinne wird auch die Familie al-Dura zum Zentrum zynischer Gerüchte. Zur Erinnerung: Die Filmsequenz vom zwölf Jahre alten Mohammed al-Dura, der in den Armen seines Vaters in Gaza stirbt und dessen Erschiessung von einer Kamera festgehalten worden war, wurde in der ganzen Welt zum Symbol des Konflikts und versinnbildlichte den Vorwurf, Israel setze gegen die Palästinenser unverhältnismässig viel Gewalt ein. Zu Beginn der Al-Aksa-Intifada wird der Knabe zum Prototyp des Märtyrers, und seine Mutter wird in der Legende besonders lobend erwähnt. Allein, der palästinensische Volksmund rühmt Mohammed nicht als Märtyrer. Sein Tod wird weder in heroischen Geschichten verarbeitet noch als nachahmenswert gepriesen. Mehr als das: In der mündlichen Folklore ärgert man sich sogar über die weltweite Publizität, die seinem Tod zuteil wird. Was daran so sensationell sei, fragen sich viele, wo wir doch Dutzende von Toten zu beklagen haben? Bösartige Gerüchte zirkulieren über die Familie. Sie soll sich am Tod ihres Sohnes bereichert haben. (5)

Wie ein Leitmotiv tönt aus allen Geschichten die absolute Dominanz der Israelis, der die Palästinenser nichts entgegenzusetzen hätten. Mohammed al-Dura wird nämlich berühmt, ohne zu kämpfen – passiv, beim Vater Schutz suchend. Im Gegensatz zur ersten Intifada sehen sich die Palästinenser nun in der Opferrolle. Der Tod des jungen Dura führt auch zu einer Legende, die einmal mehr die Chancenlosigkeit der Palästinenser belegen soll. So hatten die Palästinenser am Anfang das Gefühl, dass al-Duras Bild im Kampf um die öffentliche Meinung eine wertvolle Waffe sei, die ihnen Sympathie und Unterstützung eintragen werde. Doch später schildern sie einmal mehr, wie Israel alles kontrolliere und die Palästinenser sowohl vor Ort als auch im Ausland verlieren würden. Israelis hätten, heisst es im Volksmund, mit Retuschen dem Kind eine Kippa aufgesetzt und die Aufnahmen am kanadischen Fernsehen verbreitet. Israels langer PR-Arm würde die Wirklichkeit auf den Kopf stellen. Der Palästinenser Dura werde so als jüdisches Kind am Bildschirm gezeigt, das von einem Palästinenser umgebracht worden sei. Die Retusche diene der israelischen Propaganda im Ausland. Solche Legenden, die von vielen gerne geglaubt werden, zeigen die Verzweiflung der Palästinenser und bestärken sie in der Überzeugung, gegenüber den Israelis auf allen Gebieten – und besonders in den Medien – unterlegen zu sein.

Am Anfang der ersten Intifada war die innerpalästinensische Solidarität eines der zentralen Motive des Humors. Die Folklore propagierte unter anderem auch ein politisch korrektes Verhalten, dem sich alle zu unterwerfen hatten. Davon handeln die Geschichten nun nicht mehr. Vielmehr wird schon wenige Wochen nach dem Ausbruch der Al-Aksa-Intifada der Graben zwischen den Rückkehrern (returnees) und denjenigen, die ihre Städte nie verlassen haben, in etlichen Geschichten verarbeitet. Misstrauen, Stress, Angst und Pessimismus führen zu zahlreichen Gerüchten. Je grösser die Ängste, Unsicherheit und Verzweiflung werden, desto mehr Legenden entstehen. Sie lösen die Witze ab. So zirkuliert zum Beispiel Ende Oktober 2000 das Gerücht, dass ein Teil der PA-Funktionäre seine Kinder ins Ausland in Sicherheit bringe. Sie hätten einen Fuss in Palästina und einen im Ausland, unterstellt das Ondit. Wenn es brenzlig werde, könne man auf sie nicht zählen, lautet der oft gehörte Vorwurf – und das Volk scheut sich nicht, die Namen der Unzuverlässigen ausdrücklich zu erwähnen.

Nach der Ermordung des palästinensischen TV-Chefs Hischam Mekki (deutsch: aus Mekka stammend) durch palästinensische Täter – angeblich, weil er 17 Millionen Dollar gestohlen hatte – hiess es, nun würden korrupte Mitglieder des Establishments ihre Flucht erwägen, um einem Anschlag zu entgehen. Der Überfall auf Mekki beschäftigt das Volk aus einem weiteren Grund: Er galt als einer der korruptesten Vertrauten Arafats. Arafat soll, wird kolportiert, sogar erwägen, einen seiner engsten Gefolgsleute ins Exil in Sicherheit zu bringen. Selbst der Rais, wird gemunkelt, werde demnächst auf einer Liste der weltweit reichsten Männer figurieren, die im Internet veröffentlicht werden soll. Auch er würde sich aus Angst und Verzweiflung die Flucht überlegen. All diese Gerüchte widerspiegeln nicht nur Angst, sondern ebenso das Gefühl der Bevölkerung, Arafat verliere die Kontrolle.

Auch an die panarabische Solidarität glauben die Leute nicht. So tief ist das Misstrauen, dass sie sogar über die Massendemonstrationen in den arabischen Hauptstädten Witze machen. Wenn man in Oman für die Sache der Palästinenser auf die Strasse gehe, heisst es etwa, liege das lediglich an der (angeblichen) gemeinsamen homosexuellen Veranlagung der Männer von Oman und Nablus. (6)

Als ausdrückliche Lichtgestalt erscheint im Intifada-Humor der Führer der shiitischen Hisbollah, Scheich Nasrallah. Er gilt den Palästinensern als Vorzeigebefreier, seit seine Truppen die Israelis aus dem Südlibanon vertrieben haben. «Weshalb gelang ihm, was wir nicht schaffen?», fragen sie sich. Was Wunder, dass sich die Palästinenser in Legenden mit dem Hisbollah-Chef identifizieren und ihn als Helden rühmen.

Nachdem die Hisbollah einen israelischen Geschäftsmann entführt hat, der früher vermutlich Mossad-Agent war und von dem die Palästinenser annehmen, er sei ein hochrangiger israelischer Spion, gehen die Spekulationen dahin, dass es jetzt den palästinensischen Kollaborateuren an den Kragen gehen werde. Der Israeli wisse nämlich, lautet eine populäre Unterstellung, welche Palästinenser im Auftrage des Mossad ihre Mitbürger bespitzelt hätten. Nasrallah habe angekündigt, wird weiter gemunkelt, dass er die Liste der Kollaborateure aus dem Gefangenen herauspressen und veröffentlichen werde. Unterschwellig schwingt dabei immer auch der Vorwurf mit, die PLO und die PA würden vor allem den Sicherheitsinteressen Israels dienen und für Israel die schmutzige Arbeit erledigen.

Wie gross die Unsicherheit unter den Palästinensern ist, zeigt der Umfang der erwarteten Liste, von der man hört. Einige rechnen mit 40 bis 60 Namen, andere erwarten hingegen die Publikation von bis zu 280 000 Personen. Mit anderen Worten: Ein Viertel aller in Frage kommenden Palästinenser wird vom Volksmund verdächtigt, für Israels Geheimdienst Mitbürger zu bespitzeln. Als die Liste dann doch nicht veröffentlicht wird, entstehen neue Gerüchte, die das Ausbleiben des Spitzelverzeichnisses erklären sollen. Entweder habe Arafat einen Boten zu Nasrallah geschickt und ihn angefleht, das unrühmliche Verzeichnis geheim zu halten. Es sei aber auch möglich, dass der Scheich aus Angst vor Vergeltungsmassnahmen Israels beschlossen habe, die palästinensischen Verräter nicht auszuliefern. Mit derartigen Gerüchten betonen die Palästinenser ihren Verdacht, PA-Offiziere würden mit Israel gemeinsame Sache machen. (7)

Um Jassir Arafat kümmert sich die mündliche Folklore in den ersten Monaten der Al-Aksa-Intifada nicht. Er scheint einen Teil seiner Autorität verloren zu haben, ohne dass er aber durch eine andere Figur ersetzt wird. Erst ein halbes Jahr nach dem Beginn des Aufstandes erinnert sich der Volksmund seiner wieder und verbreitet zotige Geschichten über ihn und seine Ehefrau Suha. Anlass zu Witzen bietet auch der Umstand, dass Arafat von der neuen Administration Bush nicht mehr eingeladen wird. Dabei wird eine Szene aus dem palästinensischen Besatzungsalltag verfremdet: Palästinenser, die nach Mekka pilgern wollen, benötigen eine Erlaubnis der Israelis. Wenn die Besatzer den Hadj nicht erlauben wollen, begründen sie die Absage oft mit der Standardformulierung, die Liste sei bereits voll. Arafat, so der Witz, wolle nun aber nicht nach Mekka, sondern nach Washington «pilgern», weil er offenbar die US-Regierung auffordern möchte, Druck auf Israel auszuüben. Erneut hegen Palästinenser Zweifel, aus eigener Kraft etwas erreichen zu können, und witzeln, für Arafat seien Washington und Mekka gleich wichtig.

Wie bereits erwähnt, wird der Tabubruch Sharons, der seinen Fuss auf den Haram al-Scharif in Ost-Jerusalem setzt, wo sich das Heiligtum befindet, nach dem die zweite Intifada benannt ist, die Al-Aksa-Moschee, weder in Witzen noch in Gerüchten thematisiert. Unerwähnt bleiben ebenfalls die Siedler, Soldaten oder Israelis: Die Lage der Palästinenser ist dermassen desolat,

dass ihnen der Sinn nicht nach Scherzen steht. Auch nach der Wahl von Ariel Sharon zum israelischen Regierungschef, die für Palästinenser angesichts seiner Vergangenheit schockierend ist, ist ihnen nicht zum Spassen zumute. Sie empfinden den neuen starken Mann Israels keineswegs als Erscheinung, über die man sich amüsieren kann. Kurz nach dem Ausbruch der zweiten Intifada haben aber Geschichten Konjunktur, die zeigen, dass die Palästinenser ihren Kampf durchaus auch vor einem religiösen Hintergrund verstehen. Vor allem unter gläubigen Moslems sind Erzählungen beliebt, in denen Israelis den Islam beleidigen. Dass dies während des Fastenmonats Ramadan geschieht, macht solche Affronts besonders anstossend. (8)
Gleichzeitig sind auch Witze beliebt, in denen sich die säkularen Palästinenser über die religiösen Mitbürger lustig machen. Aufs Korn genommen werden insbesondere die Fanatiker, denen vorgeworfen wird, ihren Eifer auf die Spitze zu treiben. Die Lobpreisungen für Gott, die Fromme bei jeder Gelegenheit als Redewendung einflechten, können, so eine Pointe, auch zum Verhängnis werden.

Ein Witz, der im Sommer 2001 die Palästinenser trotz der widrigen Umstände zum Lachen brachte, reflektiert ihre Angst, mit extremen Kräften in Verbindung gebracht zu werden. Er bezieht sich auf die Freilassung eines mutmasslichen Anhängers des legendären Osama bin Laden aus einem jordanischen Gefängnis und die Abschiebung in ein anderes Land. (9)
Die Bevölkerung scheint nicht nur verängstigt, deprimiert und gestresst, sondern auch verwirrt. Ein Indiz dafür sind die spontan nachgelieferten Erklärungen für überraschende Vorkommnisse, bei denen die Logik des Feindes internalisiert wird. Ein Beispiel: Ein Handwerker wurde von einem israelischen Soldaten erschossen, als er sich im obersten Stockwerk eines Hochhauses am offenen Fenster mit einem Bohrer zu schaffen machte. Dieses Ereignis wird von den Leuten im Quartier prompt als Missverständnis interpretiert: Der elektrische Bohrer des Handwerkers müsse auf den Israeli wie eine Pistole gewirkt haben –

und deshalb habe er den Handwerker erschossen. Tags darauf vermischten die Tageszeitungen Tatsachen und Interpretation: «Ein Mann wurde erschossen, weil die Israelis glaubten, er habe einen Revolver in der Hand», wird berichtet. Die Presse lässt das Verhalten des Israeli als «logisch» erscheinen. Solche vorauseilende Erklärungen werden auch verbreitet, wenn Israelis in der Zone A Palästinenser umbringen oder umbringen lassen. Noch bevor eine offizielle Stellungnahme vorliegt, verinnerlichen Palästinenser die (vermeintliche) Logik der Israelis, ohne zu prüfen, ob Vermutungen und Tatsachen wirklich übereinstimmen. Es wird tel quel angenommen, das Opfer habe sich an anti-israelischen Aktionen beteiligt. Indem der palästinensische Volksmund die israelische Ratio antizipiert und internalisiert, reflektiert er das Gefühl der Palästinenser, vollkommen von Israel dominiert zu sein.

1. Ungleiche Machtverteilung in Camp David

Als sich Barak und Arafat zum ersten Mal in Camp David treffen, versucht jeder, dem anderen den Vortritt zu lassen und ihn als ersten durch die Türe zu schieben.
Weshalb die Höflichkeit?
Barak weiss: Wer als erster durch die Türe geht, muss mehr Zugeständnisse machen.

An einem Zeitungsstand, wo normalerweise die populären Zeitungen «Al Quds» (Jerusalem) und «El Shaa'b» (Das Volk) zu kaufen sind:
«Haben Sie ‹Al Quds›?»
«Nein, ‹Al Quds› ist bereist ausverkauft. Wir verkaufen nur noch ‹El Shaa'b›.»

2. Sinnlose Auseinandersetzung

Ein Mann aus Hebron sieht auf seiner Pilgerreise nach Mekka, wie Gläubige Steine gegen den Satan werfen.[27] Weil er sich in der Intifada glaubt, zündet er einen Pneu an und schleudert ihn auf den Weg.

In Hebron werfen Knaben Steine gegen eine Strassensperre der Israelis. Wie diese zu schiessen beginnen, rennen die Kinder weg. Einen Jungen erwischt's von hinten. Die Kugel dringt in seinen Po ein. Wie er von Freunden weggetragen wird, meint er zu einem Gefährten:
«Siehst du, ich hatte recht. Die Israelis kennen bei uns jedes Loch.»

27 Vgl. «Rajm» im Glossar.

Ein Palästinenser geht auf eine Strassensperre zu.
«Halt», ruft ihm der israelische Soldat zu.
Wie der Palästinenser weiter geht, schreit ihn der Soldat an:
«Bleib stehen, oder ich sorge dafür, dass die Nachrichtensendungen über dich in den ‹Breaking News› berichten!»

Ein junger Intifada-Kämpfer verlangt von seinem Vater zwei Schekel.
«Ich will mit dem Bus zur Strassensperre fahren, um gegen die Israelis zu kämpfen.»
Der Vater:
«Sohn, ich gebe dir nur einen Schekel für die Hinfahrt.»
«Weshalb gibst du mir nicht zwei Schekel?»
«Den zweiten brauchst du nicht. Du kommst bestimmt im Sanitätsauto zurück.»

3. Kämpfende aus Hebron

Ein Mann aus Hebron wird an einer Strassensperre angeschossen. Er verliert das Bewusstsein und wird in ein Spital gefahren. Wie er aufwacht, weiss er nicht, was mit ihm geschehen ist. Deshalb will er von den Ärzten und Krankenschwestern wissen:
«Bin ich nun klinisch tot?»

Weshalb haben alle Bewohner Hebrons ihre Schädel glatt rasiert? Weil die Israelis nach jedem Anschlag die Gegend durchkämmen.

4. Zweifelhafter Lohn für Märtyrer

Ein Palästinenser wird angeschossen und in ein israelisches Spital transportiert. Wie er aufwacht, glaubt er sich im Himmel und erkundigt sich als erstes:

«Wo sind die Jungfrauen?»
Meint der israelische Arzt:
«Welche Sprache spricht man denn im Himmel?»
Der Verletzte: «Natürlich Arabisch.»
Der Arzt: «Ja kannst du denn nicht hören, dass hier alle Hebräisch sprechen?»

Weshalb schicken die Leute von Hebron ihre Kinder zu den Strassensperren, um im Kampf gegen israelische Soldaten zu sterben?
Es ist ihnen lieber, wenn ihre Kinder als Vögel in den Himmel kommen, statt Esel auf dieser Erde zu sein.[28]

Die PA entschädige die Verletzten mit 300 Dollar für ihren Einsatz, hört man. Ein junger Mann stellt sich vor einen israelischen Soldaten, stülpt sein Hosenbein auf und bettelt:
«Bitte, schiess mir ins Bein.»

Die israelischen Soldaten geben uns neue Anweisungen. Wer 300 Dollar will, soll sich links hinstellen, und wer seiner Familie 10 000 Dollar vermachen will, trete auf die rechte Seite.[29]

5. Der Tod des Mohammed al-Dura

Die Mutter von Mohammed al-Dura, so erzählt man sich im Dezember 2000 in Gaza, soll geträumt haben, ihren Sohn zu sehen.
«Ich bin im Himmel», sagt der Sohn zu ihr, «mach dir keine Sorgen.»

---

28 Laut islamischem Volksglauben kommt ein Kind, das gestorben ist, als reiner grüner Vogel in den Himmel.
29 Gerüchteweise erzählen sich Palästinenser, dass die Familie eines Schahid 10 000 Dollar erhalte. Verletzte würden bloss mit 300 Dollar entschädigt.

«Wie kann ich wissen, dass ich nicht nur träume?», fragt ihn darauf die Mutter.
Der Sohn gibt ihr den Rat: «Du und deine Nachbarinnen sollen den Koran öffnen. Dort werdet ihr Haare finden.»
Alle Nachbarinnen finden in der Tat ein Haar. Die Mutter aber, weil sie am meisten leidet, findet deren vier.

Die Familie Dura, so geht ein Gerücht, soll für den Tod ihres Sohnes 4–17 Millionen Dollar aus der Golfregion erhalten haben. Weshalb soviel? Weil auch die Beamten der PA entschädigt werden müssen.

6. Abseitsstehen des Establishments

Die Kinder der hohen PA-Angestellten haben Leibwächter, die sie überallhin begleiten. Kürzlich, munkelt man, sei es zu einem Kampf zwischen einem Bodyguard und einem Kind gekommen. Das Kind wollte sich nach der Schule an der Konfrontation mit den Israelis beteiligen. Doch der Leibwächter erfüllte seine Pflicht – und brachte seinen Schützling schnell nach Hause.

Das Amt für Statistik untersucht detailliert das Verhalten palästinensischer Männer nach dem Sexualverkehr. Die Resultate sind bezeichnend: 60 Prozent der Ärzte geben an, nach dem Geschlechtsverkehr ein Glas Milch zu trinken, 70 Prozent der Rechtsanwälte rauchen eine Zigarette, und 80 Prozent der «returnees» gehen, nachdem sie mit einer Frau geschlafen haben, wieder ins Ausland.

Weshalb haben die Leute im fernen Oman für unsere Intifada demonstriert?
Sie taten dies keineswegs aus Sympathie mit uns. Ihre Solidarität galt vielmehr den Knaben von Nablus.

7. Scheich Nasrallah als Lichtgestalt

Am 7. Oktober 2000 entführt die Hisbollah an der israelisch-libanesischen Grenzen drei israelische Soldaten: zwei Juden und einen Beduinen. Später kidnappt sie in Europa einen israelischen Geschäftsmann, der einst für den israelischen Geheimdienst Mossad gearbeitet haben soll. Scheich Nasrallah verbreitet über die Fernsehstation der Hisbollah seine Bedingungen für die Freilassung der vier Geiseln:
Für den ehemaligen Mossad-Agenten verlangt er die Freilassung aller palästinensischen Gefangenen aus den israelischen Gefängnissen. Für die beiden jüdischen Soldaten fordert er je eine Million Dollar. Und für den israelischen Beduinen-Soldaten? Diesen will er gegen die Freilassung eines Esels herausrücken.

8. Beleidigung der Religion

Jassir Arafat geht aufs amerikanische Konsulat, um ein Visum zu beantragen. Doch er erhält abschlägigen Bescheid:
«Leider ist die Liste für die diesjährige Saison des Hadj[30] bereits geschlossen. Versuch es im nächsten Jahr wieder.»

Ein junges Mädchen, das ein traditionelles Kleid trägt, steigt in ein Sammeltaxi, in dem nur Männer sitzen. An der Strassensperre müssen alle aussteigen. Nur das Mädchen und ein willkürlich ausgewählter männlicher Passagier werden zum Bleiben aufgefordert. Der Soldat drohend zum Mann:
«Küss das Mädchen!»
Der junge Mann ist verlegen, da sich das nicht schickt, und während des Ramadan schon gar nicht, wo alle Aktivitäten verboten sind. Doch das Mädchen begreift den Ernst der Lage.

---

30 Pilgerfahrt nach Mekka.

Es nähert sich dem fremden Mann und sagt:
«Küss mich! Es ist doch nur ein Scherz.»

Ein Palästinenser wird am helllichten Tag während des Fastenmonats Ramadan von einem israelischen Soldaten an einer Strassensperre angehalten. Und was tut der Soldat?
Er zwingt unsern Freund, eine Zigarette zu rauchen.

9. Auf Distanz zu religiösen Fanatikern

Er wolle ein islamisches Auto kaufen, lässt ein religiöser Palästinenser den Autoverkäufer wissen. Dieser macht sich auf die Suche. Nach mehreren Wochen meldet er seinem Kunden: «Das islamische Auto steht bereit.»
«Wenn man ‹il hamdi la› (Gott sei Dank) sagt, setzt es sich in Bewegung. Sobald man ‹subhan allah› (Gepriesen sei Gott) sagt, hält es an.»
Der religiöse Kunde steigt ein und sagt:
«Il hamdi la.»
Wie er aufs Land hinausfährt, kommt er auf eine Bergkuppe und will das Auto stoppen. Im letzten Moment hält es vor dem Abgrund an, weil er sagt:
«Subhan allah.»
Das Auto kommt zum Stillstand. Der Mann aber atmet erleichtert auf und sagt:
«Il hamdi la.»

Ein junger Mann in Amman trägt zufälligerweise den selben Vornamen wie der von den USA als Terrorist gesuchte saudiarabische Millionär bin Laden: Osama. Weil die Mutter des jordanischen Namensvetters eine Prostituierte ist, heisst man ihn Osama, Sohn (arabisch: bin) der Hure.
Um diesen Schimpfnamen nicht mehr zu hören, wandert er in die USA aus.

Der Einwanderungsbeamte:
«Wie heissen Sie?»
«Osama.»
«Sind sie etwa Osama bin Laden?»
«Nein, ich bin Osama der Hurensohn.»

Zum Verhältnis von Geschichte und volkstümlichem Erzählgut im Palästina des 20. Jahrhunderts

Sharif Kanaana

Dieses Buch enthält zwei Gattungen von Volkserzählungen, die von den Palästinensern in den vergangenen zwanzig Jahren häufig verwendet wurden: politische Witze und Legenden. Natürlich sind diese nicht neu, sie tauchen vor dieser Zeit nur seltener auf. Sie finden sich auch nicht exklusiv bei den Palästinensern, sondern gehören zur Volksliteratur in allen Gesellschaften. Allerdings ermutigen oder erfordern bestimmte soziokulturelle und politische Umstände den Gebrauch der beiden Gattungen eher als andere. Solche Bedingungen scheinen unter den Palästinensern in den vergangenen zwanzig Jahren mehr als je zuvor geherrscht zu haben.

Palästina hatte schon immer eine sehr reiche Erzähltradition. Als Geburtsort des Juden- und Christentums unterscheidet sich seine Kultur von derjenigen der benachbarten Regionen, allein hier existierten die vergangenen dreizehn Jahrhunderte alle drei monotheistischen Religionen nebeneinander. In diesem Umfeld hat sich ein grosser Schatz von historischen und religiösen Erzählungen über Propheten, Heilige, fromme Männer und geheiligte Plätze angesammelt.

Die von den Palästinensern verwendeten Typen volkstümlicher Erzählungen haben ihre Entsprechung in allen bekannten europäischen Typen. Dazu gehören Märchen und Tierfabeln, moralisierende und didaktische, formelhafte und humoristische Erzählungen ebenso wie Heiligenlegenden, Schwänke, Helden- und Schöpfungsmythen. Andere Gattungen wie Witz, Anekdote, Familiensaga, Liebesgeschichte, Epen, Gleichnisse und Fabeln sind ebenfalls in der palästinensischen Erzähltradition mehr oder weniger stark vertreten. Allerdings schwanken in allen menschlichen Gesellschaften Verbreitung und Beliebtheit jeder dieser Gattungen im Laufe der Zeit und von Ort zu Ort: einerseits je nach Art der Inhalte, für deren Ausdruck die jeweiligen Erzähltypen geeignet sind, andererseits je nach den Belangen, mit denen sich die Mitglieder der jeweiligen Gemeinschaft zu einem bestimmten Zeitpunkt hauptsächlich auseinandersetzen

Der Bruch von 1948

Wie jegliche Folklore in allen Kulturen der Welt, sind auch volkstümliche Erzählungen einem steten Wandel unterworfen. Sowohl Tempo wie Richtung der Entwicklung variierten im Laufe der Zeit im gleichen kulturellen Umfeld. Schleichende Veränderungen vollzogen sich in Phasen von Kontinuität und Stabilität, einschneidende und abrupte in Zeiten von Krieg, Angriffen, soziokulturellen und politischen Aufständen.
Die steigende europäische Einflussnahme in die inneren Angelegenheiten des Osmanischen Reichs am Ende des 19. Jahrhunderts veränderte die Kultur- und Lebensweise im ganzen Mittleren Osten entscheidend. Aus religiösen, strategischen und wirtschaftlichen Gründen war Palästina für die europäischen Mächte von grösserem Interesse als andere Regionen des Mittleren Ostens und deshalb früher und stärker dem Einfluss Europas ausgesetzt. Zwar führte dies zu einem beschleunigten Wandel in Kultur und Lebensweise der Palästinenser, nicht aber zu einem plötzlichen oder radikalen Bruch innerhalb der palästinensischen Gesellschaft.
Der grosse Bruch im palästinensischen Leben, in der Kultur und damit auch in den Erzähltypen trat 1948 ein, im Jahr der «Katastrophe» (*El Nakbeh*), als der neu gegründete israelische Staat rund 80 Prozent des damaligen Mandatsgebietes eroberte und arabische Gemeinschaften in etwa 450 Städten und Dörfern zerstörte sowie deren Einwohner zu Flüchtlingen machte. Der Bruch verstärkte sich noch 1967, dem Jahr des «Unglücks» (*El

Naksa), als Israel den Rest der palästinensischen Gebiete besetzte und noch mehr Palästinenser in die Flucht trieb.
Uns interessieren hier besonders Zäsur und Wandel im volkstümlichen Erzählgut, die mit dem allgemeinen Bruch in der palästinensischen Kultur und Gesellschaft einhergingen.
Natürlich hörten die Palästinenser nicht auf, Geschichten zu erzählen, aber die Erzähltypen, die sie benutzten, und ihre Erzählgewohnheiten änderten sich in mannigfacher Weise. Grob zusammenfassend lassen sich folgende Tendenzen erkennen:
1) Traditionelle Erzählgattungen verschwanden ganz oder teilweise.
2) Gattungen, welche mit Wahrheit und Glaubwürdigkeit in Verbindung gebracht werden, d. h. männliche Erzählgattungen, verschwanden viel schneller als solche, die mit Fiktion und Phantasie assoziiert werden und die vorwiegend Frauen verwenden.
3) Zwei Erzähltypen traten an Stelle der traditionellen: der eine umfasst Erzählungen von Krieg und Verlust des heimatlichen Bodens. Der andere setzte später ein und bezog sich auf die unmittelbare politische Situation unter israelischer Besetzung.
4) Der Gebrauch dieser neuen Erzähltypen ist weniger stark vom Geschlecht abhängig als die traditionellen Typen; dafür ist nun eine deutlichere Unterscheidung aufgrund des Alters der erzählenden Person festzustellen.
Auf diese Tendenzen soll nun etwas näher eingegangen werden: Das Märchen, das eine ausschliessliche Domäne der Frauen war, hat zwar überlebt, ist aber sehr viel weniger verbreitet als früher. Traditionelle Märchen können häufiger von Frauen in Flüchtlingslagern gehört werden als von palästinensischen Frauen, die an ihren Herkunftsorten geblieben sind. Zwei mögliche Erklärungen für das Überleben des Märchens drängen sich auf: Entweder werden Märchen im Rahmen der Grossfamilie erzählt und beziehen sich auf die Sorgen der Frauen innerhalb der Grossfamilien. Trotz aller Unterbrüche und Zerstörungen, welche die palästinensische Gesellschaft erfuhr – oder vielleicht

gerade deswegen – blieb die Grossfamilie im grossen ganzen intakt. Unter palästinensischen Flüchtlingen ist sie sogar wesentlich erstarkt: Mehrere Untersuchungen haben gezeigt, dass Solidarität innerhalb der Grossfamilie deren wichtigste Überlebensstrategie geworden ist.

Ein zweiter möglicher Grund für das Überleben des traditionellen Märchens ist, dass diese Erzählungen fiktiv und in einer Phantasiewelt angesiedelt sind. Sie beziehen sich auf ganz grundlegende menschliche Bedürfnisse und Wünsche und werden deshalb von unmittelbaren Veränderungen in der Gesellschaft nicht wesentlich beeinflusst.

Andererseits gibt es eine Reihe von Erscheinungen, die dem Weiterbestehen des traditionellen Märchens entgegenwirken. Eine davon ist das Eindringen der modernen Massenmedien ins palästinensische Heim, neuerdings insbesondere die arabischen TV-Stationen, die über Satellit Soap-Opera-Serien aus Ägypten, Syrien, Jordanien und mehreren Golfstaaten verbreiten. Diese Seifenopern belegen dieselben Inhalte und Umgebungen wie früher das traditionelle Märchen. Zudem hat das Eindringen von westlichen (amerikanischen und europäischen) Normen und Werten in alle nahöstlichen Kulturen bewirkt, dass deren Bevölkerung, einschliesslich die palästinensische, alles Einheimische, Lokale oder Traditionelle als minderwertig, unerwünscht und grundsätzlich rückständig erachtet.

Zusätzlich zu den nach wie vor existierenden traditionellen Märchen erzählen Frauen, wenn sie in Flüchtlingslagern zusammenkommen, zahlreiche Geschichten über den Krieg von 1948 und die gute alte Zeit im verlorenen Land. Gewöhnlich erzählen sie keine langen, hochstrukturierten Geschichten, sondern eher Anekdoten aus ihrem persönlichen Leben und dem Leben der Familienmitglieder, welche die über ihr Volk gekommene Zerstörung, Zerstreuung, die Ungerechtigkeiten und Unterdrückung illustrieren. Ein bevorzugtes Thema solcher Geschichten ist die Trennung von Familienmitgliedern während der Flucht aus der Heimat, die Suche nach verlorenen Angehörigen – häufig kleinen Kindern – und die Wiedervereinigung im Exil. Es gibt zwar in der Regel Unterschiede, die mit dem Alter der Erzählerinnen, ihrer Erziehung und politischen Ausrichtung zu tun haben, aber die Geschichten sind alle in Stil und Form der traditionellen weiblichen Erzählweise gehalten.

Richten wir den Blick auf die traditionellen Erzählungen, die von Männern erzählt wurden – dazu gehören Heldenepen und Abenteuergeschichten, aber auch historische, topographische und religiöse Legenden –, wird deutlich, dass diese sehr bald nach der Katastrophe von 1948 weniger stark verbreitet sind, um schliesslich ganz zu verschwinden. Ihr Platz wird von Geschichten über den Krieg und das verlorene Land eingenommen. Wir können über die Gründe für diesen sehr raschen Wandel nur Vermutungen anstellen. Ein Grund liegt wohl darin, dass die traditionell männlichen Erzählungen meist mit der unmittelbaren Umgebung und bestimmten Orten verbunden und deshalb stark vom Umbruch in der palästinensischen Gesellschaft betroffen waren. Zudem – und dies ist ein fast universelles Muster – sind die Männer stärker in Krieg und Politik involviert; sie mögen folglich Erzählungen als völlig unbedeutend und wertlos empfinden, die nicht mit Krieg, Konflikt, Vertreibung, der Katastrophe und dem sich fortsetzenden Kampf um das Verlorene zu tun haben.

Das traditionelle männliche Erzählgut wurde unmittelbar nach dem Krieg durch neue Erzählungen ersetzt, die wiederum mit Wahrheit und Glaubwürdigkeit in Verbindung gebracht wurden, vor allem durch Geschichten über den Krieg und den Verlust der Heimat. Dieser neue Erzähltyp tauchte bei palästinensischen Männern überall auf, wurde aber von Flüchtlingen stärker bevorzugt als von denjenigen, die in ihrer Heimat geblieben waren. Wie oben erwähnt, erzählten auch palästinensische Frauen nach der Katastrophe entsprechende Geschichten, aber diejenigen der Männer unterschieden sich entscheidend von denjenigen der Frauen. Männer griffen beim Erzählen vorwiegend auf den epischen Stil zurück, weniger auf das Märchen. Indem sie auf diese Weise von Kämpfen, Widerstand und Heldentum berichteten und nicht persönliche Familienanekdoten erzählten, brachten sie «nationale Geschichten» hervor, welche die ganze palästinensische Frage in vollständiger, zusammenhängender und chronologisch geordneter Weise umfassten.

Die zwei Gattungen von volkstümlichen Erzählungen in diesem Buch, das heisst politische Legenden und Witze, entstanden in zwei unterschiedlichen Stadien des Kampfes gegen die israelische Besatzung des palästinensischen Landes, das 1948 nicht erobert worden war, nämlich der Gazastreifen und die Westbank, die beide 1967 erobert wurden. Politische Legenden – die von den oben erwähnten traditionellen Erzählungen unterschieden werden sollen – wurden in den frühen 1970er Jahren beliebt. Politische Witze dagegen traten erstmals am Anfang der ersten Intifada Ende 1987 in Erscheinung. Beide Gattungen haben sich, mit gewissen Schwankungen, bis zur Gegenwart gehalten. Ihr Auftauchen und ihre anhaltende Beliebtheit stehen in Zusammenhang mit dem Wiedererstarken des palästinensischen Nationalismus und mit den politischen Entwicklungen, die diesen seit den siebziger Jahren begleitet haben. Eine kurze Übersicht dieser Entwicklungen soll es den Leserinnen und Lesern erleichtern, den Inhalt dieses Buches zu verstehen und einzuordnen.

Die Entwicklung des palästinensischen Nationalismus

Die Palästinenser verfügten nicht immer über das Bewusstsein einer eigenen Identität, die sich von derjenigen des Rests der arabisch-muslimischen Bevölkerung abhob, wie dies heute der Fall ist. Im Brennpunkt des gegenwärtigen, territorial abgestützten palästinensischen Nationalismus steht das «Mandatspalästina», jene künstlich und willkürlich definierte politische und Verwaltungseinheit, die 1916 durch Frankreich und Grossbritannien mit dem Sykes-Picot-Abkommen geschaffen wurde und durch den britischen Mandatsvertrag (British Mandate Charter) im Jahr 1922 ihre genaue und endgültige Umschreibung erhielt. Die Palästinenser akzeptierten allmählich diese Einheit als das Gebiet, auf welchem ihr Streben nach einem Territorialstaat verwirklicht und befriedigt werden sollte. Das Palästina des ausgehenden 19. und beginnenden 20. Jahrhunderts war zwar eine territorial umschreibbare Region. Aber weder hatte es zu irgendeinem Zeitpunkt in der langen Geschichte des osmanisch-islamischen Staates je Palästina als geopolitische oder administrative Einheit gegeben, noch stimmten die Grenzen des willkürlich geschaffenen «Mandatspalästina» mit irgendeiner historischen Herrschafts- oder Verwaltungseinheit der Region überein. Die palästinensische Identität der vormodernen Epoche beruhte, ähnlich derjenigen anderer Araber, auf ihrem religiösen, kulturellen und geographischen (Stadt, Dorf, Stamm) Hintergrund. Der Übergang von dieser vormodernen, panislamischen Identifikation zur gegenwärtigen Ideologie eines territorial begründeten Nationalismus fand bei den Palästinensern schrittweise und langsam über einen Zeitraum von etwa hundert Jahren statt. Vier Phasen lassen sich dabei feststellen:

1. Die erste Phase kann als «entstehender panarabischer Nationalismus» beschrieben werden. Dieser blühte am Ende des 19. Jahrhunderts auf und reichte bis zum Ende des Ersten Weltkriegs. Die Osmanen waren Muslims, und sie regierten den arabischen Osten vier Jahrhunderte lang im Namen des Islam. Eine Reihe von Faktoren beeinflusste die arabische Bevölkerung des Osmanischen Reichs gegen Ende des 19. Jahrhunderts, die eine Verlagerung von einem islamischen zu einem arabischen nationalen Bewusstsein zur Folge hatte. Wichtig waren dabei: a) die zunehmende Schwäche und der Zerfall des Reichs, das als «der kranke Mann am Bosporus» bekannt wurde; b) das zunehmende Eindringen von Europäern in das Reich und deren sich verstärkende Einmischung in dessen innere Angelegenheiten; c) der Einfluss des europäischen nationalistischen Gedankenguts; d) die Bevorzugung des arabischen Nationalismus gegenüber

dem Islamismus durch christliche arabische Gemeinschaften; e) das Erscheinen einer starken Welle türkischen Nationalismus, der stark anti-arabischen Charakter trug; f) das Wissen einiger Intellektueller um die zionistischen Pläne, Teile der arabischen Gebiete zu erwerben; g) die Ermutigung arabischer Nationalisten durch europäische Mächte, insbesondere England, gegen das Reich aufzustehen und das Versprechen eines sich über den ganzen arabischen Osten erstreckenden unabhängigen arabischen Staates für den Fall eines Siegs über das Osmanische Reich. All diese Faktoren führten zur Grossen Arabischen Revolte gegen die Osmanen, die von Hussein, dem König des Hidschas, angeführt wurde. Dieser Aufstand war entscheidend für den Untergang des Osmanischen Reichs.

2. Die zweite Phase beginnt mit dem Ende des Ersten Weltkriegs und dauerte etwa dreissig Jahre – bis zum Ende des israelisch-arabischen Kriegs von 1948. Sie kann als Phase des europäischen Kolonialismus und eines territorial begründeten arabischen Nationalismus im arabischen Osten beschrieben werden. Die Araber erhielten den erhofften und von den britischen Verbündeten versprochenen vereinten, unabhängigen Staat nicht. Stattdessen wurde das arabische Land auseinandergerissen und willkürlich in administrative Distrikte aufgeteilt, welche unter französische oder britische Herrschaft gestellt wurden. Nach dem Ersten Weltkrieg, als die neue politische Landkarte der östlichen arabischen Provinzen durch die europäischen Kolonialmächte gezeichnet worden war, bezog sich die arabische Unabhängigkeitsbewegung zum ersten Mal auf ein Territorium. In diesem Sinn findet der palästinensische Nationalismus als eine Bewegung, die ihre Forderungen nach Selbstbestimmung und Unabhängigkeit in einem eigentlichen Palästina verankert, seine frühen Wurzeln am Anfang der Mandatszeit und der darauffolgenden Zeit.

Erst nach Kriegsende und zu Beginn der britischen Mandatszeit über Palästina, als das Sykes-Picot-Abkommen und die «Balfour-Erklärung» weit herum bekannt geworden waren, wurden die zionistischen und kolonialistischen Pläne für Palästina auch der breiten palästinensischen Öffentlichkeit klar. Erst in dieser Phase erhielten der palästinensische nationale Kampf und das palästinensische nationale Bewusstsein ihren eigenen, unverwechselbaren Charakter. Auch die anderen neu ausgesteckten Regionen des arabischen Ostens kamen zwar unter europäische Kolonialherrschaft, aber Palästina war insofern einzigartig, als es die einzige Region war, welche zur Kolonisation durch Siedler vorgesehen wurde. Die Palästinenser mussten nun also nicht nur gegen die fremde Mandatsherrschaft kämpfen, wie die Bevölkerung der anderen arabischen Regionen, sondern auch darum, ihr Land zu behalten und die europäischen zionistischen Siedler abzuwehren. Diese unterschiedliche Entwicklung wurde noch verschärft durch die Frustration, das Scheitern, die endgültige Niederlage und den Rückzug der panarabischen nationalen Bewegung im ganzen arabischen Osten.

Von diesem Zeitpunkt an konzentrierte die palästinensische nationale Bewegung ihre Aktivitäten auf die Errichtung vereinigter islamisch-christlicher Organisationen, hielt Protestkundgebungen ab, Treffen und Konferenzen, ernannte Delegationen und schritt immer wieder zu gewaltsamen Demonstrationen und Aufständen gegen die britische Herrschaft und die Siedlungstätigkeiten der Zionisten.

Diese Aktivitäten führten zur Politisierung der palästinensischen Bevölkerung und gipfelten in der Revolution von 1936, welche sich über mehr als drei Jahre hinzog. Die britischen Mandatstruppen konnten schliesslich der Revolution ein Ende bereiten und den palästinensischen nationalen Widerstand unterdrücken. Mit dem Teilungsplan von 1946 und dem Beginn des israelisch-arabischen Kriegs nahmen sich die Länder der Arabischen Liga der palästinensischen Sache an, verloren aber den Krieg. Palästina wurde aufgeteilt, die Mehrheit der palästinensischen Bevölkerung wurde zu Flüchtlingen, die meisten Städte und Dörfer wurden evakuiert und teilweise dem Erdboden gleichgemacht.

3. Die dritte Phase umfasst den Zeitraum zwischen den Kriegen von 1948 und 1967. Sie kann umschrieben werden als die Phase

des Wiederauflebens des panarabischen Nationalismus, eine wirkungsvolle palästinensische nationale oder Widerstandsbewegung fehlte aber.

Zwischen 1948 und 1967 hörte Palästina als politische und administrative Einheit auf zu existieren. Nur im Gazastreifen war es überhaupt noch möglich, die Bezeichnung «Palästina» zu gebrauchen, ohne Strafe zu gewärtigen. Auf politischer Ebene war es Palästinensern, die ausserhalb des Gazastreifens lebten, bis 1967 verboten, politische Parteien zu bilden oder mit einem palästinensischen Wahlprogramm anzutreten. Damit waren ihnen jegliche offiziellen Wege zur Entwicklung einer politischen Führung verwehrt, die als Sprecher oder Vertretung der Gesamtheit der palästinensischen politischen Gemeinschaft hätte auftreten können.

Auf der anderen Seite war die palästinensische Erfahrung während dieser Phase von Enteignung, Exil, Besetzung, Unterwerfung und Entbehrung so weit auf das nationale Element ausgerichtet, dass sie das Nationalbewusstsein der Palästinenser ebenso weiter zu stärken vermochte wie die Vorstellung, ein vereintes, einzigartiges und von allen anderen arabischen Völkern verschiedenes Volk zu sein. Zugleich löste sie das Streben der Palästinenser nach Unabhängigkeit und Selbstbestimmung aus.

Die nationale politische Organisation, welche aus den Ruinen palästinensischen Lebens hervorgehen sollte, war im Jahr 1964, mit dem Segen von Nassers Ägypten, die Palästinensische Befreiungsorganisation (PLO). In den ersten drei Jahren nach ihrer Gründung kämpfte die PLO darum, eine eigene Identität zu finden und ihr Programm den überall verstreuten Palästinensern, den arabischen Ländern und der ganzen Welt aufzudrängen. Während dieser Jahre stiess die PLO auf ernsthafte Herausforderungen von drei Seiten: von Israel, von Jordanien und von militanten Palästinensern, die sie anklagten, ein Werkzeug für die panarabische Politik von Ägypten unter Nasser zu sein. Erst nach dem Krieg von 1967 wurde die PLO zur tatsächlichen und wirkungsvollen Vertreterin aller Palästinenser.

4. Die vorläufig letzte Phase der Entwicklung der palästinensischen nationalen Bewegung begann mit dem Ende des Kriegs von 1967 und hält bis heute an. Der Krieg machte deutlich, dass die arabischen Länder zu schwach waren, sich selbst zu verteidigen, geschweige denn das palästinensische Streben nach Unabhängigkeit und Selbstbestimmung zu verwirklichen. Die Schwächung der arabischen Staaten lockerte auch deren Zugriff auf die palästinensische Befreiungsbewegung und überzeugte die Palästinenser, dass es auf dem Weg zur nationalen Befreiung nötig war, die eigenen Angelegenheiten selbst in die Hand zu nehmen, das eigene Schicksal selbst zu bestimmen und sich nicht darauf zu verlassen, dass die arabischen Länder sich der Sache annehmen würden.

Der Krieg von 1967 verhalf der PLO also zu einem wirkungsvollen, militanten und eigenständigen Ausdruck des palästinensischen Strebens nach Befreiung. An der Gipfelkonferenz von Rabat im Jahr 1967 anerkannten die arabischen Staaten die PLO als die einzige legitime Vertretung des palästinensischen Volks. Im gleichen Jahr wurde sie eingeladen, an den Sitzungen der Vereinten Nationen als Beobachterin teilzunehmen und erhielt später diesen Status in allen UN-Kommissionen. Trotz einiger Rückschläge ist es seither der PLO gelungen, weltweite Anerkennung zu gewinnen und Unterstützung für die Sache der Palästinenser zu erhalten.

Die erste Intifada im Dezember 1987 zeigte der Welt, dass die ganze palästinensische politische Gemeinschaft vereint nach Selbstbestimmung in einem unabhängigen und souveränen palästinensischen Staat strebt. Die Anerkennung, die der palästinensische Staat nach seiner Errichtung in der Diaspora 1988 erhielt, zeigte zudem, dass die Mehrheit der Weltgemeinschaft nun die palästinensische Umschreibung der eigenen Ziele und Hoffnungen sowie der nationalen Identität akzeptiert.

Die Abkommen von Oslo und die Errichtung einer palästinensischen Behörde werden von den meisten Palästinensern als Mittel zur Verwirklichung eines eigenen Staates in einem Teil ihres

Herkunftsgebiets verstanden. Das Versagen des sogenannten «Friedensprozesses», diesen souveränen, unabhängigen Staat herbeizuführen, führte zum gegenwärtigen Aufstand, der Al-Aksa-Intifada.

Die zeitgenössische Legende und der politische Witz

Der Krieg von 1967 schwächte den Zugriff der arabischen Regierungen auf die PLO, stärkte die PLO und liess die Palästinenser überall enger zusammenrücken. Die *fedayin* (Einzahl *fedaii*, ein arabischer Begriff, der die Bedeutungen «Märtyrer» und «Freiheitskämpfer» in sich vereinigt) begannen, militärische Operationen gegen Israelis in Israel und in den besetzten Gebieten durchzuführen sowie gegen israelisches Personal und israelische Interessen, wo immer sie diese erreichen konnten. Solche Taten der *fedayin* – wirkliche oder erfundene, und unabhängig davon, was andere davon hielten – versorgten Palästinenser überall mit Stoff für Helden- und Abenteuergeschichten. Einige davon waren arg übertrieben, andere beruhten auf Wunschdenken, aber in allen steckte ein Körnchen Wahrheit. Solche Legenden, welche die Wünsche, das Hoffen und Sehnen, die Ängste und Befürchtungen der Palästinenser ausdrücken, schwankten in der Häufigkeit ihres Entstehens und ihrer Beliebtheit von Beginn an in den frühen 1970er Jahren, während der ersten Intifada, dem «Friedensprozess», der Errichtung der palästinensischen Behörde bis zur noch immer herrschenden Al-Aksa oder zweiten Intifada. Die Entstehung solcher Geschichten kam jedoch nie zum Stillstand.

Diese Buch enthält, wie unschwer festzustellen ist, mehr Witze als Legenden. Witze als Ausdrucksmittel erschienen etwa ein Jahrzehnt nach den ersten politischen Legenden, übertrafen diese aber sehr bald zahlenmässig, vor allem in der Zeit zwischen den zwei Intifadas, d. h. grob gesagt ungefähr im letzten Jahrzehnt des 20. Jahrhunderts. Stark vereinfacht lässt sich festhalten, dass Legenden bevorzugt werden, wenn Hoffnungen und Erwartungen oder Ängste und Frustration auf ihrem Höhepunkt stehen. Witze dagegen scheinen vor allem dann gebraucht zu werden, wenn sich die Situation beruhigt hat und die Probleme sich nicht zur existentiellen Frage des kollektiven Überlebens oder Sterbens auftürmen. Sie sind wohl eher dafür gemacht, Spott, Hass oder Feindseligkeit auszudrücken sowohl gegen Feinde als auch gegen die eigenen Führer und konkurrierende Gruppen im eigenen Lager. Für die Kritik an sich selbst oder an der Gesellschaft, aber auch für die Ausübung sozialer Kontrolle scheint der Witz eindeutig das geeignetere Werkzeug zu sein.

Sammeln des Materials

Das Material dieses Buchs wurde während einer Zeitspanne von 25 Jahren gesammelt. Ich begann damit, kurz nachdem ich eine Stelle an der Bir-Zeit-Universität angenommen hatte, einer palästinensischen Universität etwa 25 Kilometer nördlich von Jerusalem. Dies war im Sommer 1975. Nachdem ich einerseits seit 1948 im eigentlichen Israel gelebt hatte und danach während fünfzehn Jahren in den Vereinigten Staaten, und ich andererseits von Beruf Ethnologe bin, versuchte ich einfach herauszufinden, was sich um mich herum abspielte in einer palästinensischen Gesellschaft, die von 1948 bis 1967 unter jordanischer Herrschaft und seit 1967 unter israelischer Besatzung lebte. Allgemein gesagt, versuchte ich, alle Arten von Erzählungen, die unter Palästinensern zirkulierten und sich auf die politische Situation im allgemeinen und den israelisch-arabischen Konflikt im besonderen bezogen, zu sammeln, einschliesslich Legenden, Witze, Fabeln, Anekdoten usw. Ich tue dies noch immer. Zu den Erzählungen in diesem Buch trugen Menschen beider Geschlechts und aller Altersgruppen bei, aber die Auswahl ist wohl insofern ungleich, als sie mehr Erzählgut von jungen Leuten in der Altersgruppe zwischen zehn und dreissig Jahren, aber auch von mehr Männern als Frauen umfasst. Die Palästinenser, welche die Geschichten erzählten, leben in allen Teilen des historischen bzw. des «Mandat»-Palästina (Israel samt Gazastreifen und Westbank), aber vor allem im Kerngebiet, das Ramallah, Ost-Jerusalem und Bethlehem einschliesst. Dieses Gebiet war immer das Zentrum des kulturellen, politischen und religiösen Lebens der Palästinenser. Und seit 1982 ist es dies in verstärktem Masse, weil die PLO gezwungen wurde, Beirut zu verlassen und sich der Brennpunkt des palästinensischen Widerstands von «Aussen» ins «Innere» verlagerte.

Als ich diese Geschichten zu sammeln begann, ging ich weder von einem theoretischen Ansatz noch einer klaren Hypothese aus, obschon Menschen im allgemeinen und Sozialwissenschafter im besonderen sich nie davon abhalten lassen, Vermutungen anzustellen oder Annahmen zu machen. Ich habe einfach Erzählungen gesammelt und aufgezeichnet, die Figuren oder Ereignisse aus dem politischen Leben zum Thema haben. Im Laufe der Zeit wurde mein Interesse an diesen Geschichten immer grösser, und ich begann, sie gezielt zu suchen. Später stellte ich zur Unterstützung Studenten, Forschungsassistenten und Freunde an. Weder meine Helferinnen und Helfer noch ich selbst wandten spezifische Methoden an oder führten strukturierte Interviews durch, obschon natürlich Gewohnheiten, die man während seiner Laufbahn erworben hat, nie ganz abgelegt werden können. Ich wies meine Studenten und Assistenten an, alle einschlägigen Geschichten, die sie hörten, aufzuzeichnen. Wenn solche sich nicht spontan ergaben, sollten sie dazu animieren, indem sie selber bei zwanglosen Gelegenheiten entsprechende Geschichten erzählten, zu Hause, in der Familie, mit Verwandten und Freunden, wann und wo immer sie auch in einer Gruppe von Palästinensern waren. Ich machte mir dieses Vorgehen auch zu eigen. Mit Hilfe dieser Personen und dieser informellen Methode habe ich bisher mehrere Tausend Karteikarten mit Geschichten gefüllt, die ich als ausdrücklich politisch inspirierte Geschichten einschätze, und nach Stichworten geordnet. Diese

Sammlung bildet eine laufende Bestandesaufnahme und ein Kommentar zur politischen Situation im Nahen Osten im allgemeinen und der Palästinenser im besonderen, und zwar aus der Sicht der Palästinenser selber.
Mit einer repräsentativen Auswahl dieses Erzählfundus versucht das vorliegende Buch, der Welt einen Eindruck davon zu geben, wie Palästinenser das, was ihnen geschieht, wahrnehmen und verstehen.

(Aus dem Englischen übersetzt von Regula Schmid)

Glossar

Al-Aksa-Intifada: (auch: zweite Intifada). Aufstand der Palästinenser, der Ende September 2000 begann.

Al-Aksa-Moschee: Eine der wichtigsten Moscheen im Islam. Sie steht in der Altstadt von Jerusalem. Laut islamischer Tradition stieg von hier aus der Prophet Mohammed in den Himmel. Gemäss jüdischer Tradition wurde die Moschee dort gebaut, wo der erste und später der zweite Tempel stand.

Al-Quds: Arabische Bezeichnung für Jerusalem. Wörtlich: Der heilige Ort. Zugleich auch der Name der populärsten palästinensischen Tageszeitung.

Dschihad: Arabisch für «Bemühung», «Anstrengung», «Kampf»; sich für eine gute Sache einsetzen, vor allem im Zusammenhang mit Religion und der Verbreitung des Islam, einschliesslich Krieg. Wird auch für «Heiliger Krieg» verwendet.

Dschinn: Wesen, das aus Flammen und Rauch besteht, im Gegensatz zum Menschen, der laut Religion aus Wasser und Erde geschaffen wurde. Der Dschinn kann menschliche oder tierische Formen annehmen. Nur wenn der Dschinn will, kann ihn der Mensch sehen. Laut Koran gibt es gute und böse, muslimische und nicht-muslimische Dschinne.

Engel: Sie widersetzen sich niemals Gottes Befehlen, sondern tun, was er ihnen aufträgt. Dschibril (Gabriel), der oberste Engel, überbrachte den Propheten die göttlichen Offenbarungen. Er wurde auch zu Mohammed gesandt, um ihm den Koran zu offenbaren. Die Paradies- und Höllenengel sind Wächter des Paradieses resp. der Hölle.

Fatah: Einflussreichste Gruppe innerhalb der PLO. Wurde Mitte der fünfziger Jahre in Kuwait von drei Palästinensern gegründet, darunter Jassir Arafat. Bei den Wahlen für den palästinensischen Legislativrat (1996) gewann die Fatah die Mehrheit der Stimmen. Das Akronym Fatah ist eine Umkehrung von «Harakat Tahrir Falastin» (Bewegung für die Nationale Befreiung Palästinas) und heisst so viel wie «Eroberung eines Landes» oder «öffnen».

Gazastreifen: Landstrich, der zwischen Israel und Ägypten am Mittelmeer liegt. Seit 1948 einer der Hauptschauplätze der gewalttätigen Auseinandersetzungen zwischen Israelis und Palästinensern. Die palästinensische Autonomiebehörde übt ihre Souveränität über zwei Drittel des Gazastreifens aus, das restliche Drittel entfällt auf die jüdischen Siedlungsgebiete, die über den ganzen Gazastreifen verteilt sind. Seit seiner Rückkehr in die Palästinensergebiete (1994) residiert Palästinenserpräsident Jassir Arafat in Gaza-City. Im Jahr 1994 wurde der schmale Küstenstrich erstes palästinensisches Autonomiegebiet.

Hamas: Akronym für «harakat al-muqawama al-islamiyya». Bewegung des islamischen Widerstandes. Hamas heisst wörtlich auch «Begeisterung». Ziel von Hamas ist die Gründung eines islamischen Staates in ganz Palästina. Israel hat in diesem Konzept keinen Platz.

Haram al-Scharif: Siehe Al-Aksa-Moschee.

Hebron: Arabisch Al Khalil. Palästinensische Stadt in der Westbank, südwestlich von Jerusalem, rund 130 000 Einwohner. Im Januar 1997 wurde der grösste Teil Hebrons der Autonomieverwaltung der Palästinenser übergeben. Rund 400 Juden – die meisten ultraorthodox und nationalistisch – leben in mehreren Enklaven, die weiterhin von Israel beherrscht werden. In der Stadt massakrierte 1994 der Siedler Baruch Goldstein 29 Muslime, die in der Moschee beteten.
Unter Palästinensern stehen die palästinensischen Einwohner Hebrons im Ruf, dumm und dickköpfig, gleichzeitig aber auch gute Geschäftsleute zu sein. Analog den Polenwitzen in den USA oder den Ostfriesen-

witzen in Deutschland wird in Palästina alles Schlechte den Leuten von Hebron in die Schuhe geschoben. Gleichzeitig sind sie auch die «weisen Dummen», die stets das Richtige tun, ohne zu verstehen, weshalb.

Interimsabkommen: Abkommen, das den Gazastreifen und die Westbank in drei Zonen A, B und C aufteilt. In der Zone A ist die PA zuständig für zivile und militärische Angelegenheiten. In der Zone B ist die PA verantwortlich für zivile Fragen, Israel für die militärische Kontrolle. Die Zone C (Siedlungen, militärische Einrichtungen, Strassen) unterstehen ausschliesslich der israelischen Kontrolle.

Intifada: Aabisch «Abschüttelung». Ab 1987 Bezeichnung für den (ersten) Aufstand der Palästinenser gegen die israelische Besetzung des Westjordanlandes und des Gazastreifens. Offiziell wird der Beginn der Intifada auf den 9. Dezember 1987 angesetzt.

Islamischer Dschihad: Rechtsreligiöse Moslem-Organisation. Die Gruppe entstand vor rund 20 Jahren.

Jericho: Arabisch Eriha, auch Riha. Stadt in einer Oase des unteren Jordantals, 7000 Einwohner; mit 250 m u. M. die tiefstgelegene Stadt der Erde. Nach dem 67er-Krieg («Sechstagekrieg») kam Jericho unter israelische Verwaltung. 1994 wurde, zusammen mit Gaza, eine begrenzte palästinensische Selbstverwaltung errichtet.

Kaaba: Die grosse Moschee in Mekka wurde um die Kaaba gebaut, den würfelartigen Bau. Die Kaaba enthält einen heiligen Stein, der gemäss der Überlieferung vom Himmel gefallen ist. Mekka ist das Ziel muslimischer Pilgerreisen.

Keffiya: Palästinenser-Tuch, mit weissem Hintergrund und roten oder dunkelblauen Punkten. Symbolisiert heute den palästinensischen Nationalismus.

Nablus: Stadt auf der Westbank, die seit 1967 unter israelischer Verwaltung steht, ab 1995 unter palästinensischer Selbstverwaltung. 130 000 Einwohner. Im palästinensischen Volksmund wird den Männern von Nablus eine homosexuelle Veranlagung nachgesagt.

Osloer Verträge: Die Prinzipienerklärung (September 1993) und das Interimsabkommen (September 1995) schaffen die Grundlagen für den israelisch-palästinensischen Friedensprozess. In der Prinzipienerklärung werden die Leitlinien für die Verhandlungen und die Grundlagen der später zu unterzeichnenden Verträge festgelegt. Das Interimsabkommen enthält eine detaillierte Beschreibung der Beziehungen zwischen Israel und der PA sowie der Befugnisse der PA. Die Übergangsperiode war für die Dauer von fünf Jahren konzipiert und hätte am 4. Mai 1999 enden sollen. Bis zu diesem Datum sollten die Endstatus-Verhandlungen abgeschlossen und Einigung über wichtige Konfliktpunkte erzielt worden sein, zum Beispiel: Jerusalem, Rückkehr der palästinensischen Flüchtlinge, israelische Siedlungen, Grenzziehung und Wasserverteilung.

Palästinensische Autonomiebehörde (PA): Die Palästinenser bezeichnen sie als «Sulta» (Autorität) oder PA. In offiziellen Papieren wird sie als PNA (Palestinian National Authority) bezeichnet.

Paradies: Im Islam ist das Paradies ein Garten, der im Himmel angesiedelt ist. Das Wort «Himmel» hat aber nicht zum vornherein eine positive Konnotation, da auch die Hölle im Himmel untergebracht ist. Jedermann kommt nach dem Tod zunächst in den Himmel, ob er gut oder schlecht war. Danach urteilt Allah, wohin der Verstorbene gelangt.

PLO: Palästinensische Befreiungsbewegung.

Rais: Arabisch für «Kopf». Wird meistens für Staatspräsident verwendet.

Rajm: Arabisch für «steinigen». Bei der Pilgerfahrt nach Mekka wird der Teufel gesteinigt – eine vorislamische Tradition, die von Mohammed beibehalten wurde. Die Intifada und der Einsatz von Steinen erinnern Palästinenser an diesen Brauch. In einigen Witzen finden sich Anspielungen auf die Ähnlichkeit zwischen Intifada und der Steinigung des Bösen.

Rückkehrer (returnees): Kommen mit Arafat ab 1994 in die palästinensischen Gebiete zurück, nachdem sie die Intifada-Jahre im Exil verbracht haben. Viele bekleiden in der PA hohe Ämter. Schätzungen über die Zahl der Rückkehrer schwanken je nach Quelle zwischen 40 000 und 100 000.

Schahid: Märtyrer, der im Kampf (Dschihad) für seine Heimat stirbt. Als triumphierender Held steht er moralisch höher als die anderen. Der Schahid ist kein Desperado; er stirbt für die Gemeinschaft und für eine gerechte Sache.

Schekel: Israelische Währung. Wird in den besetzten Gebieten verwendet, teils parallel zum jordanischen Dinar (in der Westbank) und zum ägyptischen Pfund (Gazastreifen).

Scud-Rakete: Wurde während des Golfkrieges vom Irak gegen Israel und Saudi-Arabien eingesetzt.

Shebab: Arabisch für «junger Mann», ab dem 13. Altersjahr bis etwas über 20.

Zeittafel

1987
Dezember — In Gaza beginnt der Palästinenseraufstand. Er weitet sich rasch auch auf die Westbank aus.

1988
Januar — Die israelische Regierung (Verteidigungsminister Jitzchak Rabin) beschliesst ein hartes Vorgehen gegen den Aufstand.
Februar — Die PLO geht erstmals entschlossen gegen Kollaborateure und Informanten vor.
Dezember — Arafat akzeptiert die US-Bedingungen für Gespräche mit der PLO.

1990
März — Die israelische Arbeitspartei verlässt die Koalitionsregierung.
Juni — Jitzchak Schamir wird Regierungschef.
August — Saddam Hussein marschiert in Kuwait ein. Im Gegensatz zu den meisten arabischen Ländern unterstützt Arafat Saddam Hussein.

1991
Januar/
Februar — Golfkrieg. Die von der USA angeführte Koalition greift den Irak aus der Luft an. Irakische Scud-Raketen schlagen in Israel ein.
Februar — Bodentruppen fallen im Irak ein; 100 Stunden später akzeptiert Saddam Hussein einen Waffenstillstand.
März — US-Präsident Bush kündigt Friedensinitiative an. Erster Besuch von US-Staatssekretär James Baker im Nahen Osten seit dem Golfkrieg.

Oktober	In Madrid beginnt die Friedenskonferenz. Die Palästinenser sind in der jordanischen Delegation vertreten.
Ab Dezember	Bilaterale Gespräche zwischen Israelis und Arabern.

1992

April	Die ersten Kontakte zur Vorbereitung von geheimen israelisch-palästinensischen Gesprächen.
Juni	Die Arbeitspartei mit Jitzchak Rabin gewinnt die Wahlen in Israel.
Juli	Die Regierung Rabin mit Aussenminister Schimon Peres wird vereidigt.

1993

Januar	Die Knesset hebt den Bann auf, sich mit der PLO zu treffen.
September	Israel und die PLO anerkennen sich gegenseitig. Rabin und Arafat geben sich auf dem Rasen des Weissen Hauses die Hand. Peres und Abu Mazen unterzeichnen die Prinzipienerklärung.

1994

Februar	In Hebron massakriert der Siedler Goldstein 29 Palästinenser.
Mai	In Kairo unterzeichnen Rabin und Arafat die Umsetzung der Prinzipienerklärung.
Juli	Arafat kehrt nach Gaza zurück. Gründung der Palästinensischen Autonomiebehörde (PA).
Oktober	Arafat, Peres und Rabin erhalten den Friedensnobelpreis.

1995

Januar	Die besetzten Gebieten werden nach einem Selbstmordüberfall in der Nähe der israelischen Küstenstadt Netanjah (Beit Lid), bei dem 19 Israelis getötet werden, abgeriegelt.

April	Arafat lässt 170 Hamas-Anhänger und Sympathisanten einsperren.
September	Oslo-II-Abkommen wird unterzeichnet: Die Autonomie in der Westbank soll ausgedehnt werden.
November	Jitzchak Rabin wird wegen seiner Friedenspolitik von einem national-religiösen jüdischen Fanatiker ermordet. Shimon Peres wird Rabins Nachfolger.
November bis Dezember	Israel zieht sich aus den grösseren Städten der Westbank zurück (u.a. Nablus, Ramallah und Bethlehem). Hebron bleibt besetzt.

1996

Januar	Wahlen in der PA. Arafat wird zum Präsidenten der PA gewählt. Seine Anhänger gewinnen 80 Sitze im neuen Parlament (Palestinian Legislative Council).
Februar–März	Serie von Anschlägen in Jerusalem, Tel Aviv und Aschkelon. Sie ist eine Vergeltung für die Ermordung des palästinensischen Bombenspezialisten Yehia Ajash durch den israelischen Geheimdienst.
Mai	Benjamin Netanjahu wird Premierminister in Israel.
September	Die Eröffnung eines Tunnels in der Jerusalemer Altstadt löst einen Aufstand aus (76 Tote).
Oktober	Erster offizieller Besuch von Jassir Arafat in Israel. Er wird von Staatspräsident Ezer Weizman eingeladen.

1997

Januar	Israelis und Palästinenser einigen sich über die Teilung Hebrons. Israel zieht sich aus 80 Prozent der Stadt zurück.
Februar	Die israelische Regierung gibt ihre Absicht bekannt, im besetzten Teil Jerusalems die Siedlung «Abu Gnehm»

	(Har Homa) zu bauen. Arafat unterbricht die Friedensverhandlungen.
Juli	Das palästinensische Parlament publiziert einen Bericht über Korruption in der PA.
September	Der Mossad versucht, Khaled Meshal, den Politbürochef der Hamas, in Amman umzubringen.
Oktober	Auf Druck Jordaniens befreit Israel den geistigen Führer der Hamas, Scheich Achmed Jassin. Er wird in Gaza als Held empfangen.

1998

Oktober	In Wye Plantation wird ein weiteres interimistisches Abkommen unterschrieben: Danach soll sich Israel aus zusätzlichen 13 Prozent der Westbank zurückziehen und 750 palästinensische Gefangene freilassen.
November	Der internationale Flughafen von Gaza wird eröffnet.
Dezember	Die israelische Regierung suspendiert die Anwendung des Wye-River-Abkommens.
	Das israelische Parlament löst sich auf und ruft Neuwahlen aus.

1999

Mai	Die in der Prinzipienerklärung gesetzte Frist für das Ende der Übergangslösung verstreicht ungenutzt. Der Palestinian Central Council verschiebt die Deklaration der Unabhängigkeit.
	Ehud Barak gewinnt die Wahlen und wird Ministerpräsident Israels.
September	Barak und Arafat unterschreiben ein modifiziertes Wye-Abkommen. Es sieht unter anderem eine Strassenverbindung zwischen der Westbank und dem Gazastreifen vor (safe passage); Gefangene sollen freigelassen werden. Ein neues Datum für das Ende der Interimslösung wird bestimmt: 13. September 2000.

November	Beginn der Verhandlungen über den endgültigen Zustand (final status).
2000	
März	Israel gibt den Palästinensern 6,1 Prozent der Westbank zurück.
Mai	Israel zieht sich aus dem Südlibanon zurück.
Juli	Gipfeltreffen in Camp David: Arafat und Barak verhandeln über den final status. US-Präsident Clinton versucht die Gegensätze zu überbrücken. Erstmals akzeptiert Israel eine palästinensische Souveränität in einem Teil Ost-Jerusalems. Die 14tägigen Verhandlungen scheitern, weil keine Einigung über die Zukunft der Heiligen Stätte (Al-Aksa-Moschee) und beim Recht der Flüchtlinge auf Rückkehr erzielt wird.
September	Die zweite Frist für den endgültigen Zustand läuft ungenutzt ab.
	Oppositionsführer Ariel Sharon besucht den Haram al-Scharif. Arafat bezeichnet den Besuch als eine gefährliche Entwicklung für die islamischen Heiligtümer. Im Nu breiten sich Unruhen in den besetzten Gebieten aus.
Oktober	Die Hisbollah bringt drei israelische Soldaten und einen mutmasslichen israelischen Ex-Geheimdienstler in ihre Gewalt.
Dezember	Barak erklärt seinen Rücktritt und ruft Neuwahlen aus.
2001	
Januar	Eröffnung einer weiteren Verhandlungsrunde in Taba. Trotz bedeutender Fortschritte geht sie nach einer Woche erfolglos zu Ende.
Februar	Sharon wird mit einem Vorsprung von 24,7 Prozentpunkten deutlich zum Premierminister gewählt.
Ab März	Serie von Selbstmordattentaten in israelischen Städten.
Mai	Erstmals seit 1967 setzt Israel F-16-Jäger über der Westbank ein.

Ausgewählte Literatur zur palästinensischen Geschichte und Völkerkunde

Aburish, Said K.: Arafat. From Defender to Dictator. London, 1998

Corbin, Jane: Gaza First. The Secret Norway Channel to Peace between Israel and the PLO. London, 1994

Dowty, Alan, Michelle Gawerc: The Intifada: Revealing the Chasm, in: MERIA Journal, September 2001, Ramat-Gan/Israel

Farsoun, Samih K., Christina E. Zacharia: Palestine and the Palestinians. Boulder, 1997

Hunter, F. Robert: The Palestinian Uprising. A War by other Means. London, 1993

Muhawi, Ibrahim, Sharif Kanaana: Speak, Bird, Speak Again. Palestinian-Arab Folktales. Berkeley, 1989

Moors, Annelies, Sharif Kanaana, u. a.: Discourse and Palestine: Power, Text and Context. Amsterdam, 1994

Lynd, Staughton, Sam Bahour, Alice Lynd (Hrsg.): Homeland. Oral Histories of Palestine and Palestinians. New York, 1994

Seger, Karen (Hrsg.): Portrait of a Palestinian Village. The Photographs of Hilma Granqvist. London, 1981

Die Autoren

Sharif Kanaana
Geb. 1936, ist ordentlicher Professor für Ethnologie an der Universität Bir Zeit/Westbank. Zu seinem Spezialgebiet gehören die Volkskunde und Kultur im arabischen Raum und im Mittleren Osten. Für sein Gesamtwerk erhielt er 1999 den «Price of Palestine». Kanaana promovierte an der University of Hawai, Honolulu.

Pierre Heumann
Geb. 1951, ist Nahostkorrespondent der «Weltwoche». Nach einem volkswirtschaftlichen Studium in Zürich promovierte er an der Universität Basel und war anschliessend Wirtschaftsredaktor bei der «Basler Zeitung» und der «Weltwoche». Autor des 1997 erschienenen Buches «Israel entstand in Basel. Die phantastische Geschichte einer Idee» (Weltwoche-ABC-Verlag).

Habib Souaïdia
Schmutziger Krieg in Algerien
Bericht eines Ex-Offiziers der Spezialkräfte
der Armee (1992–2000)

Mit einem Vorwort von Ferdinando Imposimato.
Übersetzt aus dem Französischen.
2001. 205 S. Br. CHF 32 /DEM 43.80/ATS 250/EUR 21.90 ISBN 3-0340-0537-7

Habib Souaïdia wurde Zeuge von Folter, Exekutionen und Massakern an der Zivilbevölkerung. Diese Greueltaten beschreibt er hier minutiös. Zudem deckt Souaïdia das innere Funktionieren der algerischen Sicherheitskräfte auf. Er zeigt den berechnenden Zynismus und die Brutalität gewisser Generäle, die Indoktrinierung ihrer Truppen, aber auch die Verzweiflung der Soldaten, die zu barbarischen Akten gezwungen werden, die schrecklichen Folgen des Einsatzes von Drogen sowie interne «Säuberungen».

Es ist das erste Mal, dass ein Armeeangehöriger unter seinem wahren Namen offen über die Ereignisse berichtet, die Algerien seit 1992 zu zerreissen drohen.

«Ich sah Kollegen ein fünfzehnjähriges Kind bei lebendigem Leib verbrennen. Ich sah Militärs Zivilisten massakrieren und diese Verbrechen Terroristen in die Schuhe schieben. Ich sah Oberste lediglich Verdächtige kaltblütig ermorden. Ich habe zu viele schreckliche Dinge gesehen, als dass ich länger schweigen könnte.»

«Es ist nicht nur moralische Pflicht, sondern auch politische Notwendigkeit, die Wahrheit ans Tageslicht zu bringen, in Anbetracht dessen, dass früher oder später auch Europa betroffen sein könnte.» F. Imposimato

Chronos Verlag
Eisengasse 9
CH-8008 Zürich
Tel 0041 / 01 / 265 43 43 • Fax 0041 / 01 / 265 43 44
E-Mail: info@chronos-verlag.ch
www.chronos-verlag.ch